바빠 초등 하루 5문장 영어 쓰기 ②

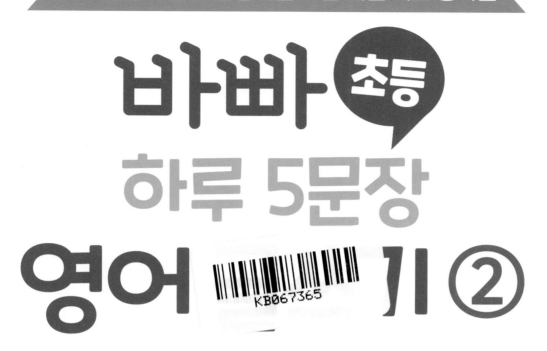

이지스에듀

지은이 | 이지은(지니쌤)

교과서를 만들어 온 교육 전문가이자 두 딸을 키우고 있는 엄마이다. 7차 교육과정부터 2015개정 교육과정까지 초·중·고등학교 영어 교과서를 개발했으며, 천재교육에서 15년간 근무하며 각종 파닉스, 영어 독해, 문법 교재 등을 기획하고 편집했다. 또한 회원 수 15만 명의 네이버 카페에서 영어 멘토로 활동했다. 현재 어린이영어연구회 소속이며, 〈즐거운 초등영어〉 유튜브 채널을 통해 다양한 콘텐츠를 제공하며 활발히 소통 중이다. 쓴 책으로 《너, 영어 교과서 씹어 먹어 봤니?》, 《바빠 초등 파닉스 리딩 1, 2》, 《바빠 초등 영어 교과서 필수 표현》, 《바빠 초등 하루 5문장 영어 글쓰기》 등이 있다.

감수 | Michael A. Putlack

미국의 명문 대학인 Tufts University에서 역사학 석사 학위를 받은 뒤 우리나라의 동양미래대학에서 20년 넘게 한국 학생들을 가르쳤다. 우리나라에서 어린이 영어 교재를 집필했을 뿐 아니라, 《영어동화 100편》 시리즈, 《7살 첫 영어 - 파닉스》 등 영어 교재 감수에도 참여했다.

따라 쓰면 저절로 완성되는 핵심 패턴 기초 영작문

바빠 초등 하루 5문장 영어 글쓰기 ②

초판 1쇄 발행 2023년 11월 25일

초판 2쇄 발행 2024년 4월 25일

지은이 이지은   원어민 감수 Michael A. Putlack (마이클 A. 푸틀랙)

발행인 이지연

펴낸곳 이지스퍼블리싱(주)

출판사 등록번호 제313-2010-123호

주소 서울시 마포구 잔다리로 109 이지스 빌딩 5층 (우편번호 04003)

대표전화 02-325-1722   팩스 02-326-1723

이지스퍼블리싱 홈페이지 www.easyspub.com   이지스에듀 카페 www.easysedu.co.kr

바빠 아지트 블로그 blog.naver.com/easyspub   인스타그램 @easys_edu

페이스북 www.facebook.com/easyspub2014   이메일 service@easyspub.co.kr

본부장 조은미   기획 및 책임 편집 이지혜 | 정지연, 박지연, 김현주   교정 교열 안현진   문제 검수 이지은   표지 및 내지 디자인 손한나   조판 김민균   일러스트 김학수   인쇄 명지북프린팅   독자 지원 오경신, 박애림   영업 및 문의 이주동, 김요한(support@easyspub.co.kr)   마케팅 박정현, 한송이, 이나리

ISBN 979-11-6303-526-8

ISBN 979-11-6303-506-0(세트)

가격 15,000원

• **이지스에듀**는 이지스퍼블리싱(주)의 교육 브랜드입니다.

(이지스에듀는 학생들을 탈락시키지 않고 모두 목적지까지 데려가는 책을 만듭니다!)

 추천의 글

> ## 펑펑 쏟아져야 눈이 쌓이듯,
> ## 공부도 집중해야 실력이 쌓인다.

영어 전문 명강사들이 적극 추천하는
'바빠 초등 하루 5문장 영어 글쓰기'

영어 쓰기 감각을 키워 주는 흥미로운 책!

'바빠 초등 하루 5문장 영어 글쓰기'는 아이들이 실제로 경험하고 써 보고 싶을 법한 주제들로 구성되어 있네요. **실생활과 밀접한 글쓰기 주제이기 때문에 자연스럽게 영어 쓰기 감각을 키우기에 정말 좋습니다.** 또한 유닛마다 따라 써 보고, 자신의 문장으로 응용하는 연습을 통해 영어의 기초 표현을 탄탄히 다질 수 있습니다.

어션 선생님
기초 영어 강사, '어션영어 BasicEnglish' 유튜브 운영자

영단어만 갈아 끼우면 나의 문장이 완성되는 책!

영작은 아이들이 어려워 피하는 영역이지요. 하지만 이 책은 쉽고 재미있게 쓰기 실력을 키울 수 있습니다. **단순히 문장 따라 쓰기로 끝나지 않고, 기본 구조의 문장 패턴을 단어만 갈아 끼우면 나의 문장까지** 쓸 수 있습니다.
또한 Error Check를 통해 **틀린 부분을 직접 확인하는 작업은 영작 실력을 높이는 데에 큰 도움**이 될 것입니다.

이은지 선생님
(주)탑클래스에듀아이 영어 강사

영작할 때 '얼음'이 되는 아이들에게 추천!

영어 글쓰기라면 짧은 문장은커녕 단어도 떠올리기 어려운 아이들도 체계적으로 연습하면 좋아집니다. '바빠 초등 하루 5문장 영어 글쓰기'는 **체계적인 구성을 통해 단어, 구, 절, 문장 등 개념과 다양한 문법 요소를 자연스럽게 익힐 수 있습니다.** 또한 문장 패턴을 응용해 자신의 이야기로 바꿀 수 있습니다.
영작할 때 얼음이 되는 아이들에게 추천합니다.

클레어 선생님
바빠 영어쌤, 초등학교 방과 후 영어 강사

학교 영어 시간에 자신감을 키워 줄 책!

학교에서 다룰 만한 주제뿐만 아니라 일상적인 주제로 아이들이 다양한 글쓰기를 경험할 수 있는 책이네요. 요즘은 중학교뿐만 아니라 **초등학교 교육 현장에서도 영어 독후감 발표나 영어 동화 구연 수업 등이 이뤄지고 있어, 글쓰기 능력이 많이 요구**됩니다.
아이들이 자신감 있게 영어 수업을 받을 수 있도록 '바빠 초등 하루 5문장 영어 글쓰기'를 강력 추천합니다.

유혜빈 선생님
서울 포레스픽 어학원 영어 강사

3

하버드 대학 리버스 교수의 '쓰기 지도 5단계'를 적용한

《바빠 초등 하루 5문장 영어 글쓰기》

초등 고학년, 영어 쓰기 연습은 필수!

영어 학습은 인풋(Input) 영역인 읽기(Reading), 듣기(Listening)와 아웃풋(Output) 영역인 말하기(Speaking), 쓰기(Writing) 4가지 영역이 있습니다. 저학년 시기에는 인풋 영역에 집중해도 좋지만, 본격적으로 초등 4학년, 늦어도 6학년부터는 아웃풋 영역인 쓰기 학습도 시작해야 합니다. 5, 6학년부터는 초등 교과서에서 문장 쓰기 학습이 나오고, 중학교 때에는 영작문 수행평가와 서술형 시험을 치러야 하기 때문이에요.

초등 교과서 수준의 어휘, 문법으로도 '나의 일상'을 쓸 수 있어요!

영어 글쓰기! 어렵지 않아요. 우리말로 글을 쓸 수 있다면 영어로도 쓸 수 있습니다. 특히 이 책은 영어 교과서에 나온 주제를 포함해서 아이들이 일상에서 쓸 법한 주제 25가지를 모았습니다. 그래서 무슨 내용을 써야 할지 헤매지 않고 나만의 이야기를 재미있게 쓸 수 있습니다.

어휘나 영문법이 약해도 괜찮아요. 초등 교과서 수준의 영어로도 예문과 문장 패턴에 기본 단어로 갈아 끼우다 보면 글을 완성할 수 있습니다. 또 글쓰기를 통해 구두점 찍기, 문장 첫 글자 대문자, 단어 스펠링 교정, 수 일치 등 어휘와 영문법을 꼼꼼하게 익힐 수 있습니다.

'이게 맞나?' 싶을 때는 이렇게 도움을 받아 보세요!

문장을 그대로 필사하는 게 아니라면 적절한 도구를 활용해 스스로 표현하고자 하는 단어와 문장을 찾아보는 것이 좋아요. 주저하지 말고 바로 사전의 도움을 받아 단어와 예문을 찾아서 내가 쓰고 싶은 문장을 만들어 보세요. 또한 파파고나 구글 번역 등 번역 도구를 활용해도 좋아요.

리버스 교수의 '쓰기 지도 5단계'를 적용해, 혼자서도 쓸 수 있어요!
이 책은 효과적인 외국어 쓰기 지도법으로 유명한 하버드 대학 교수 '리버스(Rivers. W. M.) 쓰기 지도의 단계 모형의 5단계(① 필사하기 ➡ ② 다시 쓰기 ➡ ③ 조합하기 ➡ ④ 유도 작문하기 ➡ ⑤ 자유 쓰기)'를 바탕으로 우리나라 초등학생에게 더 적합하게 4단계 안에 구성하였습니다. 한 단계씩 쓰다 보면 혼자서도 영어 글을 완성할 수 있어요.

《바빠 초등 하루 5문장 영어 글쓰기》의
4 STEP

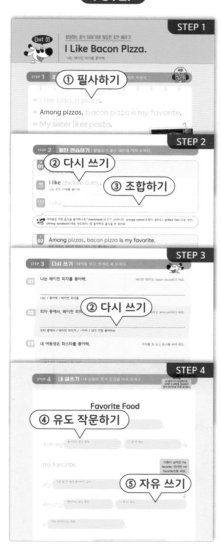

필사하기와 다시 쓰기는 잘 모르고 있던 부분이나 실수하는 부분이 어디인지 스스로 확인할 수 있습니다. 문장의 첫 글자 대문자를 실수하는지, 단어 스펠링은 정확한지, 사이트 워드 훈련이 더 필요한지, 스스로 터득하게 도와줍니다.

조합하기는 초등 교과서 문장 패턴 75개의 주어나 목적어를 바꾸어 보고, 시제를 바꾸어 보면서 문장 쓰기를 연습시켜 줍니다. 혹시 내가 만든 문장이 맞았는지 확인하고 싶다면 grammarly.com이나 번역 도구를 통해 확인해 볼 수 있습니다.

유도 작문하기 및 자유 쓰기는 유닛마다 나만의 글쓰기가 쌓이는 뿌듯함을 느낄 수 있습니다.

쓰기 학습에서 틀린 문장 확인보다 더 중요한 것은 포기하지 않고 꾸준히 쓰는 습관입니다. 이 책과 함께 영어 글쓰기 습관을 기르며, 중학 영어로 넘어가 보세요.

따라 쓰고, 패턴 연습하고, 다시 쓰면, 글 한 편이 뚝딱이네!

Writing

Contents

바빠 (초등) 하루 5문장 영어 글쓰기 ②

바빠 초등 하루 5문장 영어 글쓰기 ①

Topic 1 About Me 나에 대하여

Topic 2 People 사람들

Topic 3 Day 하루

Topic 4 School 학교

Topic 5 Place 장소

1권 글쓰기 주제도 살펴보세요!

STEP 1 따라 쓰기 글 한 편을 집중해서 살펴봐요!

QR코드를 찍으면 원어민 음원을 들을 수 있어요.

눈으로 한 번 살펴본 다음, 회색 글자를 따라 쓰며 또 한 번 정확하게 기억해 주세요.

오늘의 지문을 잘 이해했는지 Quiz도 풀어 보세요.

STEP 2 패턴 연습하기 문장 패턴 3가지를 익혀요!

오늘의 지문 속 주요 패턴 3가지를 바로 확인해 보세요.

제시된 예문과 1:1로 대응되게 나만의 문장을 써 보세요.

+ 같이 보면 좋은 책

문장을 추가 수집할 때

《바빠 초등 영어 교과서 필수 표현》까지 학습하면 다양한 문장 표현 패턴을 쓸 수 있어요.

단어가 부족할 때

《바빠 초등 필수 영단어》까지 학습하면 풍부한 단어를 쓸 수 있어요.

STEP 3 다시 쓰기 — 글 한 편을 다시 써요!

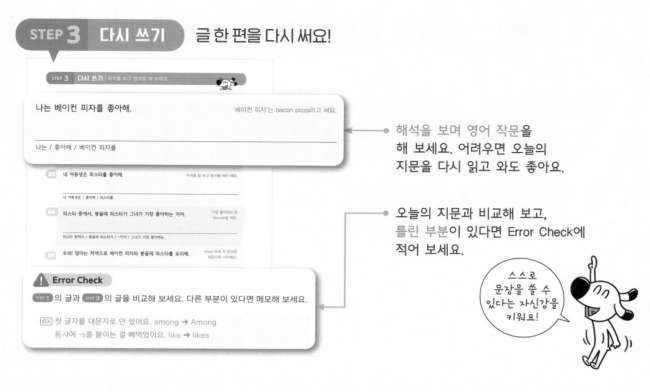

해석을 보며 영어 작문을
해 보세요. 어려우면 오늘의
지문을 다시 읽고 와도 좋아요.

오늘의 지문과 비교해 보고,
틀린 부분이 있다면 Error Check에
적어 보세요.

스스로
문장을 쓸 수
있다는 자신감을
키워요!

STEP 4 내 글쓰기 — 문장 패턴을 이용해 자유롭게 써요!

빈칸을 앞에서 배운 어휘를 사용해
문장을 써 보세요. 물론 자유롭게
써도 좋아요.

작문을 끝낸 후에 Self Check를 통해
내가 쓴 문장과 비교해 보세요.

단어 모으기 & 문장 스트레칭

이 책을 완벽하게 활용하려면 다음 두 코너를 잊지 마세요. 특히 모르거나 헷갈린 부분이 있다면
체크해 놓았다가 다음 날 한 번 보고 주말에 또 한 번 보고 복습하세요.

★단어 모으기★
앞 유닛에서 배운 단어들을
한 번 더 확인해요.
초등 기초 단어를 탄탄하게
정리할 수 있어요!

★문장 스트레칭★
앞 유닛에서 배운 문장 패턴을
다시 모아 내 문장을 써요.
헷갈리던 패턴을 다시 한번
점검해 볼 수 있어요!

9

영어 글쓰기 꿀팁

1 우리말과 영어로 문장을 자유롭게 번역할 수 있어야 해요!

초등학교 교과서 문장 수준은 모두 완벽하게 익혀야 해요.

ex I like bacon pizza. ⇔ 나는 베이컨 피자를 좋아해.

2 단어의 대문자를 꼼꼼하게 챙겨야 해요!

이름과 성, 나라와 지명, 요일, 달 등과 같은 단어의 첫글자는 대문자로 써야 해요.

이름 / 성	Semi 세미, Brian 브라이언, Dodo 도도, Michael Jordan 마이클 조던
나라 / 지명	Korea 한국, Jeju Island 제주도, Gwangju 광주
요일	Monday 월요일, Tuesday 화요일, Wednesday 수요일, Thursday 목요일, Friday 금요일, Saturday 토요일, Sunday 일요일
달	January 1월, February 2월, March 3월, April 4월, May 5월, June 6월, July 7월, August 8월, September 9월, October 10월, November 11월, December 12월

3 문장부호(구두점)을 정확하게 사용해야 해요!

문장에 문장부호를 용도에 맞게 잘 썼는지 꼭 확인해야 해요.

.	문장이 끝날 때 사용 ex My sister likes pasta.
,	구분을 나누거나 열거할 때 사용 ex Among pizzas, bacon pizza is my favorite.
" "	직접 말한 내용, 인용, 제목, 말이나 글에서 단어 혹은 구를 강조할 때 사용 ex The dentist says, "Brush your teeth three times a day."
'	소유, 축약형 등 할 때 사용 ex I don't like spicy food.
–	단어를 결합할 때 사용 ex So she is very well-trained.
!	감정이나 느낌이 들어 있는 감탄사나 인사에 사용 ex Wow!
?	의문문(질문할 때)에 사용 ex How do you feel today?

4 문법은 생각보다 중요해요!

내가 자주 실수하는 문법들(관사 실수, 시제 실수, 아포스트로피(')를 써서 철자를 빼먹는 실수 등)을 따로 정리해서 다시 꼭 확인해요.

Topic 1

Food
음식

Unit 01

좋아하는 음식 이야기에 필요한 표현 배우기

I Like Bacon Pizza.
나는 베이컨 피자를 좋아해.

01 I like bacon pizza.

02 Among pizzas, bacon pizza is my favorite.

03 My sister likes pasta.

04 Among pastas, vongole pasta is her favorite.

05 Wow! Mom cooks bacon pizza and vongole pasta for dinner.

해석 및 정답 ▶ 142쪽

Quiz 위 내용을 잘 이해했는지 빈칸을 채워 보세요.

My Favorite Food 내가 가장 좋아하는 음식	My Sister's Favorite Food 내 여동생이 가장 좋아하는 음식	Dinner Menu 저녁 메뉴

Words

bacon 베이컨   **among** (셋 이상일 때) ~ 중에서   **favorite** 가장 좋아하는   **vongole** 봉골레(파스타의 종류)
pasta 파스타   **dinner** 저녁 식사

STEP 2 패턴 연습하기 | 활용하기 좋은 패턴을 익혀 보세요.

01 I like bacon pizza.
나는 베이컨 피자를 좋아해.

예문 쓰기 I like chicken curry.
나는 치킨 카레를 좋아해.

내 문장 쓰기 I like ______________________.

여러분은 어떤 음식을 좋아하나요? beefsteak(소고기 스테이크), orange salad(오렌지 샐러드), grilled fish(구운 생선), shrimp sandwich(새우 샌드위치) 등 좋아하는 음식을 써 보세요.

02 Among pizzas, bacon pizza is my favorite.
피자 중에서, 베이컨 피자가 내가 가장 좋아하는 거야.

예문 쓰기 Among chicken, fried chicken is my favorite.
치킨 중에서, 프라이드 치킨이 내가 가장 좋아하는 거야.

내 문장 쓰기 Among ______________, ______________ is my favorite.

among과 between은 둘 다 '~ 중에서'라는 뜻이에요. 그런데 between은 두 개 중에 하나를 선택할 때 쓰고, among은 세 개 이상 중에 선택할 때 써요.

03 Mom cooks vongole pasta for dinner.
엄마는 저녁으로 봉골레 파스타를 요리해.

예문 쓰기 Mom cooks egg toast for breakfast.
엄마는 아침으로 계란 토스트를 요리해.

내 문장 쓰기 Mom cooks an egg sandwich ______________________.

아침 식사는 breakfast, 점심 식사는 lunch, 저녁 식사는 dinner라고 써요. 또 아침 겸 점심 식사는 brunch라고 써요.

01 나는 베이컨 피자를 좋아해.   '베이컨 피자'는 bacon pizza라고 써요.

_____

나는 / 좋아해 / 베이컨 피자를

02 피자 중에서, 베이컨 피자가 내가 가장 좋아하는 거야.   '~ 중에서'는 among이라고 써요.

_____

피자 중에서 / 베이컨 피자가 / ~이야 / 내가 가장 좋아하는

03 내 여동생은 파스타를 좋아해.   주어를 잘 보고 동사를 써야 해요.

_____

내 여동생은 / 좋아해 / 파스타를

04 파스타 중에서, 봉골레 파스타가 그녀가 가장 좋아하는 거야.   '가장 좋아하는'은 favorite을 써요.

_____

파스타 중에서 / 봉골레 파스타가 / ~이야 / 그녀가 가장 좋아하는

05 우와! 엄마는 저녁으로 베이컨 피자와 봉골레 파스타를 요리해.   Wow! 뒤에 첫 문장은 대문자로 시작해요.

_____

우와! / 엄마는 / 요리해 / 베이컨 피자와 봉골레 파스타를 / 저녁으로

⚠ Error Check

STEP 1 의 글과 STEP 3 의 글을 비교해 보세요. 다른 부분이 있다면 메모해 보세요.

ex 첫 글자를 대문자로 안 썼어요. among ➜ Among

동사에 -s를 붙이는 걸 빼먹었어요. like ➜ likes

내 글쓰기가 고민된다면,
STEP 2 패턴을 참고해서
단어 하나라도 바꿔 보세요~

Favorite Food

I like [좋아하는 음식 종류].

Among [좋아하는 음식 종류], [그 중 한 메뉴] is

my favorite.

My [가족 중 한 명과 좋아하는 음식].

가족이 남자면 his favorite, 여자면 her favorite으로 써요.

Among [좋아하는 음식 종류], [그 중 한 메뉴]

is [가장 좋아한다는 표현].

Wow! Mom cooks [엄마의 요리 메뉴].

✔ Self Check

☐ 좋아하는 음식 설명이라는 목적에 맞는 글을 썼나요?

☐ 음식 이름, 누가 좋아하는지가 포함되어 있나요?

☐ 철자, 문장 부호, 대소문자를 틀리지 않고 썼나요?

15

Unit 02

싫어하는 음식 이야기에 필요한 표현 배우기

I Don't Like Spicy Food.

나는 매운 음식을 좋아하지 않아.

STEP 1 **따라 쓰기** | 싫어하는 음식에 대해 읽으며 따라 쓰세요.

01 I don't like spicy food.

02 So I can't eat food with kimchi.

03 *Kimchijjigae* is hard to eat.

04 If there is sweet kimchi,

   I want to try it.

05 It tastes good.

해석 및 정답 ▶ 142쪽

Quiz 위 내용과 일치하면 ○, 아니면 X에 표시하세요.

■ I like *Kimchijjigae*.   o   X

■ Kimchi is not sweet, but it is spicy.   o   X

Words

| spicy 매운 | kimchi 김치 | *kimchijjigae* 김치찌개 | hard 어려운, 힘든 | if 만약 |
| sweet 달콤한 | try 시도하다 | taste ~한 맛이 나다 | | |

16

01 **I don't like spicy food.**
나는 매운 음식을 좋아하지 않아.

예문 쓰기 **I don't like greasy food.**
나는 느끼한 음식을 좋아하지 않아.

내 문장 쓰기 I don't like _____ food.

좋아하는 음식도 있지만 싫어하는 음식도 있지요? sweet food(단 음식), bitter food(쓴 음식), greasy food(느끼한 음식) 등 여러분이 좋아하지 않는 맛을 써 보세요.

02 **I can't eat food with kimchi.**
나는 김치가 들어간 음식은 못 먹어.

예문 쓰기 **I can't eat food with onions.**
나는 양파가 들어간 음식은 못 먹어.

내 문장 쓰기 I can't eat food _____.

특정 재료가 들어간 음식을 못 먹는 경우가 있나요? 채소 중에 매운 채소인 chili pepper(고추), onion(양파)이나, 양념 중에 gochujang(고추장), deonjang(된장) 등을 사용해 써 보세요.

03 *Kimchijjigae* **is hard to eat.**
김치찌개는 먹기 힘들어.

예문 쓰기 *Cheonggukjang* **is hard to eat.**
청국장은 먹기 힘들어.

내 문장 쓰기 _____ is hard to eat.

한식은 우리말 표기에 맞게 영어로 써 주어야 해요. 우리나라 고유의 음식이기 때문에 억지로 영어로 생각하지 말고, 우리말 소리대로 로마자로 표기해요.

다시 쓰기 | 해석을 보고 영어로 써 보세요.

01
나는 매운 음식을 좋아하지 않아.

'매운 음식'을 영어로 떠올려 보세요.

_____

나는 / 좋아하지 않아 / 매운 음식을

02
그래서 나는 김치가 들어간 음식은 못 먹어.

'~이 들어간'은 전치사 with를 써요.

_____

그래서 / 나는 / 못 먹어 / 음식은 / 김치가 들어간

03
김치찌개는 먹기 힘들어.

김치찌개는 kimchijjigae로 써요.

_____

김치찌개는 / 힘들어 / 먹기

04
만약 달콤한 김치가 있다면, 나는 그걸 먹어보고 싶어.

'만약'은 If를 써요.

_____

만약 / 있다면 / 달콤한 김치가 / 나는 / 먹어보고 싶어 / 그걸

05
그것은 맛이 좋지.

'~한 맛이 나'는 동사 taste를 써요.

_____

그것은 / 맛이 나 / 좋은

⚠ Error Check

STEP 1 의 글과 STEP 3 의 글을 비교해 보세요. 다른 부분이 있다면 메모해 보세요.

내 글쓰기가 고민된다면,
STEP 2 패턴을 참고해서
단어 하나라도 바꿔 보세요~

My Least Favorite Food

I don't like ⟨싫어하는 음식⟩.

싫어하는 음식의 종류를 써요.

So I can't eat food with ⟨못 먹는 음식 재료⟩.

⟨못 먹는 음식⟩ is hard to eat.

If there is ⟨먹을 수 있게 만든 상상의 음식⟩, I want to try it.

⟨맛있다는 표현⟩.

Self Check

- [ ] 싫어하는 음식 설명이라는 목적에 맞는 글을 썼나요?

- [ ] 음식의 종류, 구체적인 재료가 포함되어 있나요?

- [ ] 로마자 표기법, 철자, 문장 부호, 대소문자를 틀리지 않고 썼나요?

Unit 03

요리 이야기에 필요한 표현 배우기

I'll Tell You My Secret Recipe.

내가 내 비밀 요리법을 네게 말해 줄게.

STEP 1 **따라 쓰기** | 나만의 요리법에 대해 읽으며 따라 쓰세요.

01 I'll tell you my secret recipe.

02 First, break some cookies into a bowl.

03 Second, add a cup of chocolate syrup.

04 Third, put some jelly on top.

05 The dish is Crispy Candy.

해석 및 정답 ▶ 143쪽

Quiz 위 내용에 제시된 요리 순서대로 숫자를 써 보세요.

◯ Put some jelly on top.

◯ Break some cookies into a bowl.

◯ Add a cup of chocolate syrup.

Words

tell 말하다	**secret** 비밀	**recipe** 레시피, 요리법	**break** 깨다, 부수다	**bowl** 그릇
add 추가하다	**chocolate** 초콜릿	**syrup** 시럽	**jelly** 젤리	**crispy** 바삭한

STEP 2 패턴 연습하기 | 활용하기 좋은 패턴을 익혀 보세요.

01 I'll tell you my secret recipe.

내가 내 비밀 요리법을 네게 말해 줄게.

예문 쓰기 I'll tell you my secret wish.

내가 내 비밀 소원을 네게 말해 줄게.

내 문장 쓰기 I'll tell you ______________________.

I'll은 I will의 약자로, '~할 거야'라는 뜻이지요. **I'll tell you ~**는 '무언가를 상대방에게 말하겠다'란 표현이에요. 여러분은 **secret recipe**(비밀 요리법), **secret wish**(비밀 소원), **special skill**(특별한 기술) 등 무엇을 말해 주고 싶은가요?

02 Break some cookies into a bowl.

그릇에 쿠키를 부셔.

예문 쓰기 Add some milk.

우유를 추가해.

내 문장 쓰기 ____.

요리할 때 자주 쓰는 동사를 익혀 볼게요. **break**(부수다), **add**(추가하다), **put**(넣다), **mix**(섞다), **stir**(휘젓다), **fry**(튀기다), **mash**(으깨다) 등의 동사를 써서 요리법을 써 보세요.

03 Add a cup of chocolate syrup.

초콜릿 시럽 한 컵을 추가해.

예문 쓰기 Add a glass of water.

물 한 잔을 추가해.

내 문장 쓰기 Add ______________________.

말랑하고 흐르는 물질은 그냥은 셀 수가 없어요. 그래서 **a cup of**(한 컵의), **a glass of**(한 잔의), **a piece of**(한 조각의), **a bowl of**(한 그릇의) 등을 앞에 붙여 표현해요.

01 내가 내 비밀 요리법을 네게 말해 줄게.

'요리법'은 recipe를 써요.

_____

내가 / 말해 줄게 / 네게 / 내 비밀 요리법을

02 첫 번째, 그릇에 쿠키를 부셔.

'부수다'는 동사 break를 써요.

_____

첫 번째 / 부셔 / 쿠키를 / 그릇 안으로

03 두 번째, 초콜릿 시럽 한 컵을 추가해.

'한 컵의 ~'는 a cup of를 써요.

_____

두 번째 / 추가해 / 한 컵의 / 초콜릿 시럽을

04 세 번째, 젤리를 맨 꼭대기에 놓아.

'맨 꼭대기에'는 on top을 써요.

_____

세 번째 / 놓아 / 젤리를 / 맨 꼭대기에

05 이 음식은 바삭한 캔디야.

'음식'은 dish를 써요.

_____

이 음식은 / ~이야 / 바삭한 캔디

⚠ Error Check

STEP 1 의 글과 STEP 3 의 글을 비교해 보세요. 다른 부분이 있다면 메모해 보세요.

My Secret Recipe

I'll tell you [레시피의 종류].

만드는 순서를 차례로 쓰세요.

First, [요리 순서 1].

Second, [요리 순서 2].

Third, [요리 순서 3].

The dish is [요리 이름].

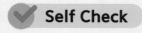 **Self Check**

- [ ] 요리법을 설명하는 목적에 맞는 글을 썼나요?

- [ ] 요리의 절차를 순서대로 적었나요?

- [ ] 철자, 문장 부호, 대소문자를 틀리지 않고 썼나요?

외식 이야기에 필요한 표현 배우기

We Ate Out.

우리는 외식을 했어.

STEP 1 **따라 쓰기** | 외식한 날에 대해 읽으며 따라 쓰세요.

01 My family ate out today.

02 Because today is my grandma's birthday.

03 She likes Korean food, so we went to
a Korean restaurant.

04 There were more than 10 kinds
of side dishes.

05 I want to go there again.

해석 및 정답 ▶ 143쪽

Quiz 위 내용을 잘 이해했는지 빈칸을 채워 보세요.

외식을 한 이유는?	외식 장소는?	한식당의 반찬 가짓수는?

Words

eat out 외식하다	grandma 할머니	Korean food 한식	restaurant 식당
more than ~보다 많이, ~ 이상의	kind 종류	side dish 반찬	again 한번 더, 다시

01 My family ate out today.
우리 가족은 오늘 외식했어.

예문 쓰기 My family will eat out tomorrow.
우리 가족은 내일 외식할 거야.

내 문장 쓰기 My family ＿＿＿＿＿＿＿＿＿＿ yesterday.

eat out은 '외식하다'라는 뜻이에요. eat의 과거형은 ate이고, 미래형은 will eat이에요. 시제에 알맞게 동사를 바꿔 써 보세요.

02 We went to a Korean restaurant.
우리는 한식당에 갔어.

예문 쓰기 We went to an Italian restaurant.
우리는 이탈리아 식당에 갔어.

내 문장 쓰기 We went to ＿＿＿＿＿＿＿＿＿.

Korean restaurant(한식당)뿐만 아니라 스파게티나 피자를 파는 Italian restaurant(이탈리아 식당), 초밥이나 우동을 파는 Japanese restaurant(일식당), 짜장면을 파는 Chinese restaurant(중식당) 등을 넣어 써 보세요.

03 There were more than 10 kinds of side dishes.
10가지가 넘는 반찬이 있었어.

예문 쓰기 There were many kinds of spaghetti.
많은 종류의 스파게티가 있었어.

내 문장 쓰기 There were ＿＿＿＿＿＿＿＿＿.

There were(~이 있었다) 다음에는 2개 이상의 복수를 나타내는 단어가 와야 해요. 음식점에서 파는 여러 음식의 종류를 생각해 보고 sushi(초밥), *jjajangmyeon*(짜장면), *udon*(우동) 등을 넣어 써 보세요.

01 우리 가족은 오늘 외식했어.

'외식하다'는 eat out이에요.

_____

우리 가족은 / 외식했어 / 오늘

02 왜냐하면 오늘이 우리 할머니의 생신이기 때문이야.

'할머니'는 grandma, grandmother 둘 다 쓸 수 있어요.

_____

왜냐하면 / 오늘이 / ~이야 / 우리 할머니의 생신

03 그녀가 한식을 좋아하셔서, 우리는 한식당에 갔어.

'~에 갔다'는 went to를 써요.

_____

그녀가 / 좋아해 / 한식을 / 그래서 / 우리는 / 갔어 / 한식당에

04 10가지가 넘는 반찬이 있었어.

'반찬'은 side dish예요.

_____

~이 있었어 / ~보다 더 많은 / 10가지 종류 / 반찬의

05 나는 거기에 다시 가기를 원해.

'다시'는 again을 써요.

_____

나는 / 원해 / 가기를 / 거기에 / 다시

⚠ Error Check

STEP 1 의 글과 STEP 3 의 글을 비교해 보세요. 다른 부분이 있다면 메모해 보세요.

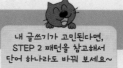

내 글쓰기가 고민된다면,
STEP 2 패턴을 참고해서
단어 하나라도 바꿔 보세요~

We Ate Out

My family ate out today.

Because today is [이벤트   ].

[누가   ] likes [음식 종류   ], so we went

to [식당 종류   ].

There were [음식 가짓수   ].

I want to go there again.

Self Check

☐ 외식했을 때의 상황을 나타내는 목적에 맞는 글을 썼나요?

☐ 어떤 이유로 외식을 했는지, 어떤 식당에 갔는지가 포함되어 있나요?

☐ 철자, 문장 부호, 대소문자를 틀리지 않고 썼나요?

Unit 05

급식 이야기에 필요한 표현 배우기

I Check the Lunch Menu.

나는 점심 메뉴를 확인해.

STEP 1 **따라 쓰기** | 학교 급식에 대해 읽으며 따라 쓰세요.

01 I check the lunch menu every morning.

02 Today's menu is fish and egg soup.

03 It's a horrible menu.

04 But I must not leave my food.

05 I hope there are more delicious foods to eat tomorrow.

해석 및 정답 ▶ 144쪽

Quiz 위 내용과 일치하면 ○, 아니면 X에 표시하세요.

■ I check the lunch menu every evening. 　O　　X

■ I must not leave my food. 　O　　X

Words

check 확인하다　　menu 메뉴　　fish 생선　　egg soup 계란국　　horrible 끔찍한
must not ~해서는 안 된다　　leave 남기다

01 **I check** the lunch menu **every morning.**

나는 매일 아침에 점심 메뉴를 확인해.

예문
쓰기
I check the school schedule **every morning.**

나는 매일 아침에 학교 시간표를 확인해.

내 문장
쓰기
I check _____ every morning.

'~을 확인하다, 체크하다'라는 표현은 check라는 동사를 써요. 여러분은 보통 무엇을 확인하나요? lunch menu(점심 메뉴), school schedule(학교 시간표), homework(숙제), school supplies(학교 준비물) 등을 넣어 표현해 봐요.

02 **It's a** horrible **menu.**

그것은 끔찍한 메뉴야.

예문
쓰기
It's a wonderful **menu.**

그것은 최고의 메뉴야.

내 문장
쓰기
It's a _____ menu.

여러분의 학교 급식 메뉴는 어때요? 입맛에 맞는 날도 있고, 안 맞는 날도 있지요? 맛을 표현할 때 쓰는 horrible(끔찍한), bad(나쁜), good(좋은), wonderful(최고의) 등의 형용사를 활용해 봐요.

03 **I must not** leave my food.

난 음식을 남겨선 안 돼.

예문
쓰기
I must not run at the cafeteria.

난 급식실에서 뛰어선 안 돼.

내 문장
쓰기
I must not _____.

무언가를 하지 말아야 할 때 쓰는 표현은 must not이에요. 급식실 예절에는 뭐가 있을까요? leave the food(음식을 남기다) 또는 run(뛰다), eat too fast(너무 빨리 먹다), eat too slowly(너무 느리게 먹다) 등의 행동을 하면 안 되겠지요?

01 나는 매일 아침에 점심 메뉴를 확인해.

'점심 메뉴'는 lunch menu로 써요.

_____

나는 / 확인해 / 점심 메뉴를 / 매일 아침에

02 오늘의 메뉴는 생선과 계란국이야.

'생선과 계란국'은 fish and egg soup로 써요.

_____

오늘의 메뉴는 / ~이야 / 생선과 계란국

03 그것은 끔찍한 메뉴야.

'끔찍한'은 horrible로 써요.

_____

그것은 / ~이야 / 끔찍한 메뉴

04 하지만 나는 음식을 남겨선 안 돼.

I must not를 활용해요.

_____

하지만 / 나는 / ~해서는 안 돼 / 남겨선 / 음식을

05 나는 내일 더 맛있는 음식들이 나오기를 바라.

I hope을 활용해요.

_____

나는 / 희망해 / 있기를 / 더 맛있는 음식들이 / 먹기에 / 내일

⚠ **Error Check**

STEP 1 의 글과 STEP 3 의 글을 비교해 보세요. 다른 부분이 있다면 메모해 보세요.

내 글쓰기가 고민된다면,
STEP 2 패턴을 참고해서
단어 하나라도 바꿔 보세요~

Lunch at School

I check   급식 메뉴   every morning.

Today's menu is   음식 종류   .

It's a   급식 맛   menu.

자주 나오는 급식
메뉴를 써 보세요.

But I must not   급식실에서 하지 말아야 할 행동   .

I hope   바라는 점   .

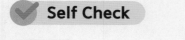 **Self Check**

학교 급식 설명이라는 목적에 맞는 글을 썼나요?

급식 메뉴와 맛, 급식실 예절이 모두 포함되어 있나요?

철자, 문장 부호, 대소문자를 틀리지 않고 썼나요?

단어 WORDS 모으기   Units 01~05 단어를 다시 써 보며 확인해요.

UNIT 01		
☐	bacon	
☐	among	
☐	f	가장 좋아하는
☐	vongole	
☐	pasta	
☐	d	저녁 식사

UNIT 02		
☐	spicy	
☐	kimchi	
☐	*kimchijjigae*	
☐	h	어려운, 힘든
☐	i	만약
☐	sweet	
☐	try	
☐	t	~한 맛이 나다

UNIT 03		
☐	tell	
☐	secret	
☐	r	레시피, 요리법
☐	b	깨다, 부수다
☐	bowl	
☐	add	

UNIT 03		
☐	c	초콜릿
☐	s	시럽
☐	jelly	
☐	crispy	

UNIT 04		
☐	e	외식하다
☐	g	할머니
☐	Korean food	
☐	restaurant	
☐	more than	
☐	k	종류
☐	s	반찬
☐	a	한번 더, 다시

UNIT 05		
☐	check	
☐	menu	
☐	f	생선
☐	e	계란국
☐	horrible	
☐	m	~해서는 안 된다
☐	leave	

문장 SENTENCES 스트레칭 패턴 문장을 참고해 나의 문장을 써 봐요.

UNIT 01

대표 문장

1 I like bacon pizza.
2 Among pizzas, bacon pizza is my favorite.
3 Mom cooks vongole pasta for dinner.

변형 문장

1 I like chicken curry.
2 Among chicken, fried chicken is my favorite.
3 Mom cooks egg toast for breakfast.

빈 공간에 한 번씩
따라 쓰면 좋아요!

나의 문장

1 _____

2 _____

3 _____

UNIT 02

대표 문장

1 I don't like spicy food.
2 I can't eat food with kimchi.
3 *Kimchijjigae* is hard to eat.

변형 문장

1 I don't like greasy food.
2 I can't eat food with onions.
3 *Cheonggukjang* is hard to eat.

빈 공간에 한 번씩
따라 쓰면 좋아요!

나의 문장

1 _____

2 _____

3 _____

33

1 I'll tell you my secret recipe.
2 Break some cookies into a bowl.
3 Add a cup of chocolate syrup.

1 I'll tell you my secret wish.
2 Add some milk.
3 Add a glass of water.

빈 공간에 한 번씩
따라 쓰면 좋아요!

1 _____

2 _____

3 _____

1 My family ate out today.
2 We went to a Korean restaurant.
3 There were more than 10 kinds of side dishes.

1 My family will eat out tomorrow.
2 We went to an Italian restaurant.
3 There were many kinds of spaghetti.

빈 공간에 한 번씩
따라 쓰면 좋아요!

1 _____

2 _____

3 _____

UNIT 05

1 I check the lunch menu every morning.
2 It's a horrible menu.
3 I must not leave my food.

변형 문장

1 I check the school schedule every morning.
2 It's a wonderful menu.
3 I must not run at the cafeteria.

빈 공간에 한 번씩
따라 쓰면 좋아요!

나의 문장

1
_____

2
_____

3
_____

메모 | 어려웠던 문장만 모아 다시 써 보세요.

_____
_____
_____
_____
_____

Topic 1 Food

Title:

스펠링과 문법 확인을 위해 네이버 사전, 파파고 앱이나
그래멀리 웹사이트(grammarly.com)를 이용할 수 있어요.

내 이야기를 자유롭게 적어 보세요. 글쓰기에는 정답이 없으니까요.

Topic 2

Character
성격

Unit 06

내 성격 묘사에 필요한 표현 배우기

I Am an Outgoing Person.

나는 활달한 사람이야.

STEP 1 **따라 쓰기** | 나의 성격에 대해 읽으며 따라 쓰세요.

01 I am an outgoing person.

02 I have a lot of friends around me.

03 I'm good at giving presentations
    in front of many people.

04 I'm always full of energy.

05 I'm positive about everything.

해석 및 정답 ▶ 145쪽

Quiz 위 내용에서 설명하는 I를 나타내는 표현에 ○하세요.

outgoing	foolish	shy	lazy
full of energy	positive	negative	

Words

outgoing 활달한   **person** 사람   **a lot of** 많은   **around** ~ 주변에   **be good at** ~을 잘하다
give a presentation 발표하다   **in front of** ~ 앞에   **full of energy** 에너지가 가득 찬   **positive** 긍정적인

01 I am an outgoing person.
나는 활달한 사람이야.

예문 쓰기 I am an easygoing person.
나는 느긋한 사람이야.

내 문장 쓰기 I am _____.

여러분은 어떤 성격의 소유자인가요? outgoing(외향적인, 활달한), easygoing(느긋한), shy(부끄러움이 많은), introvert (내성적인), talkative(말이 많은) 등 성격을 표현하는 형용사를 써서 성격을 표현해 보세요.

02 I'm good at giving presentations.
나는 발표하는 것을 잘해.

예문 쓰기 I'm good at being polite.
나는 예의 바르게 행동하는 걸 잘해.

내 문장 쓰기 I'm good at _____.

be good at ~은 '(어떤 것을) 잘한다'는 의미예요. 자신이 잘하는 것이 무엇인지 떠올려 보고 그 장점을 써 보세요.

03 I'm positive about everything.
나는 모든 것에 긍정적이야.

예문 쓰기 He's negative about everything.
그는 모든 것에 부정적이야.

내 문장 쓰기 She's _____ about everything.

성격과 연관된 형용사를 떠올려 봅니다. positive(긍정적인), negative(부정적인), serious(심각한, 진지한), hot-tempered (성질이 급한), patient(참을성 있는) 등의 형용사를 사용해 써 보세요.

01 나는 활달한 사람이야.

'활달한'은 outgoing을 써요.

_____

나는 / ~이야 / 활달한 / 사람

02 나는 내 주변에 많은 친구들이 있어.

'많은'은 a lot of, many 모두 쓸 수 있어요.

_____

나는 / 있어 / 많은 친구들이 / 내 주변에

03 나는 많은 사람들 앞에서 발표하는 것을 잘해.

'~을 잘하다'는 be good at을 써요.

_____

나는 / 잘해 / 발표하는 것을 / ~ 앞에서 / 많은 사람들

04 나는 항상 에너지가 가득 차 있어.

주어와 be동사를 줄여 써 봐요.

_____

나는 / ~이야 / 항상 / 에너지가 가득 찬

05 나는 모든 것에 긍정적이야.

'~에 대해서'는 about을 써요.

_____

나는 / ~이야 / 긍정적인 / ~에 대해서 / 모든 것

⚠️ **Error Check**

STEP 1 의 글과 STEP 3 의 글을 비교해 보세요. 다른 부분이 있다면 메모해 보세요.

My Character

I am a/an ⟨내 성격⟩ person.

I ⟨성격이 드러나는 행동⟩ .

I'm good at ⟨내가 잘하는 것⟩ .

I'm always ⟨내 상태⟩ .

I'm ⟨내 성격⟩ .

 **Self Check**

- [ ] 내 성격 설명이라는 목적에 맞는 글을 썼나요?

- [ ] 나의 성격을 나타내는 형용사를 충분히 활용했나요?

- [ ] 철자, 문장 부호, 대소문자를 틀리지 않고 썼나요?

Unit 07

친구 성격 묘사에 필요한 표현 배우기

Semi Is a Quiet Person.

세미는 조용한 사람이야.

01 Semi is a quiet person.

02 She doesn't talk much.

03 But she is a hardworking student.

04 She is also very patient.

05 I am glad because I'm friends with her.

해석 및 정답 ▶ 145쪽

Quiz 위 내용을 잘 이해했는지 빈칸을 채워 보세요.

■ She is a quiet person, so, she doesn't _____ much.

■ She is also very _____.

01 Semi is a quiet person.
세미는 조용한 사람이야.

예문 쓰기 Brian is a cheerful person.
브라이언은 쾌활한 사람이야.

내 문장 쓰기 _____ is a _____ person.

quiet(조용한), cheerful(쾌활한), friendly(친절한), thoughtful(사려 깊은) 등의 형용사를 써서 표현해 보세요. 여러분의 친한 친구 중에는 어떤 성격의 친구들이 있나요?

02 She doesn't talk much.
그녀는 말을 많이 하지 않아.

예문 쓰기 He doesn't like hurrying.
그는 서두르는 걸 좋아하지 않아.

내 문장 쓰기 _____ doesn't _____.

내성적인 친구라면 발표나 말하기를 별로 좋아하지 않는 특징이 있을 거예요. 반대로 밝고 활달한 친구라면 조용히 있는 걸 별로 좋아하지 않겠지요? 그런 친구들의 특징을 영어로 표현해 보세요. 친구가 여자면 She, 남자면 He를 쓰세요.

03 I am glad because I'm friends with her.
나는 그녀와 친구라서 기뻐.

예문 쓰기 I am glad because she is kind to me.
나는 그녀가 나에게 친절해서 기뻐.

내 문장 쓰기 I am glad because _____.

I am glad because ~는 '~라서 기뻐'라는 뜻으로, because 다음에 내가 기쁜 이유를 쓰면 돼요. '그런 좋은 성격을 가진 사람이 내 친구라서', '나에게 친절해서', '나를 도와줘서' 등 다양한 이유를 써 봐요.

01 세미는 조용한 사람이야.   사람 이름의 첫 글자는 대문자로 써요.

_____

세미는 / ~이야 / 조용한 / 사람

02 그녀는 말을 많이 하지 않아.   '많이'는 much를 써요.

_____

그녀는 / 말하지 않아 / 많이

03 그러나 그녀는 열심히 하는 학생이야.   '열심히 하는'은 hardworking를 써요.

_____

그러나 / 그녀는 / ~이야 / 열심히 하는 학생

04 그녀는 또한 매우 인내심이 있어.   '인내심이 있는'은 patient예요.

_____

그녀는 / ~이야 / 또한 / 매우 / 인내심이 있는

05 나는 그녀와 친구라서 기뻐.   '~와 친구이다'는 be friends with를 써요.

_____

나는 / ~이야 / 기쁜 / 왜냐하면 / 나는 / 그녀와 친구라서

⚠ Error Check

STEP 1 의 글과 STEP 3 의 글을 비교해 보세요. 다른 부분이 있다면 메모해 보세요.

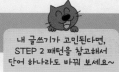

내 글쓰기가 고민된다면,
STEP 2 패턴을 참고해서
단어 하나라도 바꿔 보세요~

My Friend's Personality

친구의 이름과
성격을 써 봐요.

친구 이름   is a/an   친구의 성격 1   person.

   doesn't   성격 근거 .

But   is   친구의 성격 2 .

  is also   친구의 성격 3 .

I am glad because   기쁜 이유 .

✔ Self Check

- [ ] 친구의 성격 설명이라는 목적에 맞는 글을 썼나요?
- [ ] 친구의 성격을 나타내는 형용사가 충분히 포함되어 있나요?
- [ ] 철자, 문장 부호, 대소문자를 틀리지 않고 썼나요?

Unit 08

반려동물 성격 묘사에 필요한 표현 배우기

Dodo Is a Female Poodle.

도도는 암컷 푸들이야.

STEP 1 **따라 쓰기** | 반려동물에 대해 읽으며 따라 쓰세요.

01 I have a pet dog, Dodo.

02 Dodo is a female poodle.

03 Poodles are nicer than other dogs.

04 Poodles can also learn well.

05 So she is very well trained.

해석 및 정답 ▶ 146쪽

Quiz 위 내용을 잘 이해했는지 빈칸을 채워 보세요.

Pet Dog's Name 반려견의 이름	Pet Dog's Species 반려견의 종류	Character of Pet Dog 반려견의 성격

Words

pet 반려동물   female 여성, 암컷   poodle 푸들   other 다른   than ~보다
learn 배우다   well trained 잘 훈련된

01 Dodo **is** a female poodle.

도도는 암컷 푸들이야.

예문 쓰기

Dodo **is** a male poodle.

도도는 수컷 푸들이야.

내 문장 쓰기

_____ **is** _____.

> 반려동물의 '암컷'과 '수컷'은 각각 female, male이라고 해요. 개의 종류에는 foodle(푸들) 말고도 다양한 종류가 있지요. 또 반려동물은 dog(개) 외에도 cat(고양이), fish(물고기), bird(새) 등도 있지요.

02 Poodles **are** nicer **than** other dogs.

푸들은 다른 개들보다 더 순해.

예문 쓰기

Persian cats **are** quieter **than** other cats.

페르시안 고양이는 다른 고양이들보다 더 조용해.

내 문장 쓰기

_____ **are** _____ **than** _____.

> '~보다 더 ~하다'라는 비교하는 말을 하는 표현을 쓸 때는 형용사에 -er을 붙여요. milder(더 순한), wilder(더 사나운), quieter(더 조용한), louder(더 시끄러운) 등의 표현을 활용해 보세요.

03 She **is** very well trained.

그녀는 매우 잘 훈련되어 있어.

예문 쓰기

She **is** very well toilet trained.

그녀는 배변 훈련이 매우 잘 되어 있어.

내 문장 쓰기

She is _____.

> 여러분의 반려동물은 어떤가요? very well trained(훈련이 아주 잘된), very well toilet trained(배변 훈련이 아주 잘된), very easily trained(아주 쉽게 훈련되는) 등의 표현을 활용해 보세요.

47

01 나는 반려견, 도도를 키워.   '키우다'는 '소유하다'의 의미인 동사 have를 써요.

_____

나는 / 가지고 있어 / 반려견 / 도도

02 도도는 암컷 푸들이야.   '암컷'은 female을 써요.

_____

도도는 / ~이야 / 암컷 / 푸들

03 푸들은 다른 개들보다 더 순해.   비교급을 활용해요.

_____

푸들은 / ~이야 / 더 순한 / ~보다 / 다른 개들

04 푸들은 또한 잘 배워.   '배우다'는 learn을 써요.

_____

푸들은 / 할 수 있어 / 또한 / 배우다 / 잘

05 그래서 그녀는 매우 잘 훈련되어 있어.   '암컷'이므로 주어는 she로 써요.

_____

그래서 / 그녀는 / ~이야 / 매우 / 잘 훈련된

⚠️ **Error Check**

STEP 1 의 글과 STEP 3 의 글을 비교해 보세요. 다른 부분이 있다면 메모해 보세요.

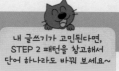

내 글쓰기가 고민된다면,
STEP 2 패턴을 참고해서
단어 하나라도 바꿔 보세요~

My Pet

키우고 있거나 키우고 싶은
반려동물을 생각하며 써 보세요.

I have a pet [반려동물 종류, 반려동물 이름] .

[반려동물 이름] is a [성별] [반려동물 종류] .

[반려동물 종류] are [반려동물 성격]

than other [반려동물 종류] .

[반려동물 종류] can also learn well.

So [   ] is very well trained.

Self Check

- [ ] 반려동물의 성격 묘사라는 목적에 맞는 글을 썼나요?

- [ ] 반려동물의 종류, 성별, 성격이 포함되어 있나요?

- [ ] 철자, 문장 부호, 대소문자를 틀리지 않고 썼나요?

작품 속 인물의 성격 묘사에 필요한 표현 배우기

He Is a Troublemaker.

그는 말썽꾸러기야.

STEP 1 따라 쓰기 | 인물의 성격에 대해 읽으며 따라 쓰세요.

01 Grace is the main character in my favorite movie.

02 She is a model student.

03 Her best friend, Max, is not a model student.

04 He is a troublemaker.

05 But I don't think Max is such a bad boy.

해석 및 정답 ▶ 146쪽

Quiz 위 내용과 일치하면 ○, 아니면 X에 표시하세요.

■ Grace is my best friend.	O	X
■ Max is a troublemaker.	O	X

Words

main character 주인공	**movie** 영화	**model student** 모범생	**troublemaker** 말썽꾸러기
such 그런	**bad** 나쁜	**boy** 소년	

01 Grace is the main character in my favorite movie.

그레이스는 내가 제일 좋아하는 영화 속 주인공이야.

예문 쓰기
Tom is a supporting character in my favorite book.

톰은 내가 제일 좋아하는 책 속 조연이야.

내 문장 쓰기
_____ is _____ in my favorite movie.

character는 '성격'이란 뜻인데, 영화나 책 속 등장인물도 character라고 해요. 그래서 '주인공'은 main character, '조연'은 supporing character라고 해요.

02 She is a model student.

그녀는 모범생이야.

예문 쓰기
I am a model student.

나는 모범생이야.

내 문장 쓰기
_____ a model student.

be동사는 I am, You are, She is, He is, They are, We are처럼 주어에 따라 다르게 사용하는 데 주의하세요.

03 I don't think Max is such a bad boy.

나는 맥스가 그렇게 나쁜 소년이라고는 생각 안 해.

예문 쓰기
I don't think Sue is such a bad girl.

나는 수가 그렇게 나쁜 소녀라고는 생각 안 해.

내 문장 쓰기
I don't think _____.

'나는 ~라고 생각하지 않아'라는 말은 I don't think ~라는 구문으로 기억해 두세요. 앞에 이미 언급한 내용과 관련해 '그렇게, 그런'이라는 의미를 더하고 싶을 때는 such라는 수식어를 써요.

01 그레이스는 내가 제일 좋아하는 영화 속 주인공이야.
'주인공'은 main character라고 해요.

_____

그레이스는 / ~이야 / 주인공 / 내가 제일 좋아하는 영화에서

02 그녀는 모범생이야.
'모범생'은 model student예요.

_____

그녀는 / ~이야 / 모범생

03 그녀의 가장 친한 친구인 맥스는 모범생이 아니야.
이름은 첫 글자는 대문자로 써야 해요.

_____

그녀의 가장 친한 친구인 맥스는 / ~이 아니야 / 모범생

04 그는 말썽꾸러기야.
'말썽꾸러기'는 troublemaker예요.

_____

그는 / ~이야 / 말썽꾸러기

05 그러나 나는 맥스가 그렇게 나쁜 소년이라고는 생각 안 해.
'나는 ~라고 생각 안 해'는
I don't think를 써요.

_____

그러나 / 나는 / 생각하지 않아 / 맥스가 / ~이야 / 그렇게 나쁜 소년

⚠ Error Check

STEP 1 의 글과 STEP 3 의 글을 비교해 보세요. 다른 부분이 있다면 메모해 보세요.

내 글쓰기가 고민된다면,
STEP 2 패턴을 참고해서
단어 하나라도 바꿔 보세요~

영화나 책 속의
등장인물을 골라 봐요.

Characters

등장인물 1의 이름   is   등장인물 1의 역할   in my

favorite movie/book.

＿＿＿＿ is   등장인물 1의 특징   .

등장인물 2의 이름과 관계   is not   등장인물 2의 성격이 아닌 것 1   .

＿＿＿＿ is   등장인물 2의 성격   .

But I don't think   등장인물 2의 성격이 아닌 것 2   .

✔ **Self Check**

□ 영화 또는 책 속 등장인물의 성격을 설명하는 목적에 맞는 글을 썼나요?

□ 등장인물 둘 이상의 성격이 포함되어 있나요?

□ 철자, 문장 부호, 대소문자를 틀리지 않고 썼나요?

롤 모델의 성격 묘사에 필요한 표현 배우기

My Role Model Is Jordan.

내 롤 모델은 조던이야.

STEP 1 | **따라 쓰기** | 롤 모델의 성격에 대해 읽으며 따라 쓰세요.

01 My role model is Michael Jordan.

02 He is a very good basketball player.

03 He is a very passionate man.

04 He has leadership skills.

05 I want to be a great basketball player like him.

해석 및 정답 ▶ 147쪽

Quiz 위 내용을 읽고 롤 모델을 설명할 수 있는 표현에 ○하세요.

basketball player	teacher	leadership
cheerful passionate	easygoing	talkative

Words

role model 롤 모델, 모범이 되는 사람   **basketball player** 농구 선수   **passionate** 열정적인
man 사람   **leadership** 리더십   **skill** 기술, 능력   **like** ~처럼

01 **My role model is** Michael Jordan.
내 롤 모델은 마이클 조던이야.

예문쓰기 **My role model is** Yuna Kim.
내 롤 모델은 김연아야.

내 문장쓰기 My role model is _____.

여러분은 혹시 롤 모델, 즉 본받고 싶은 사람이 있나요? 있다면 그 사람의 이름을 적어 보세요.

02 **He is a very** good basketball player.
그는 매우 훌륭한 농구 선수야.

예문쓰기 She **is a very** famous actor.
그녀는 매우 유명한 영화배우야.

내 문장쓰기 _____ is a very _____.

baseball player(야구선수), figure skater(피겨 스케이팅 선수), scientist(과학자), actor(배우), doctor(의사), diplomat(외교관) 등 롤 모델의 직업을 써 봐요.

03 **He has** leadership skills.
그는 리더십 능력을 가지고 있어.

예문쓰기 **He has** an open mind.
그는 열린 마음을 가지고 있어.

내 문장쓰기 He has _____.

have 뒤에 leadership skills(리더십 능력), an open mind(열린 마음), a sense of humor(유머 감각), a sense of direction(방향 감각), a sense of responsibility(책임감) 등의 명사를 써서 롤 모델의 특징을 표현해 보세요.

55

01 내 롤 모델은 마이클 조던이야.

Michael Jordan 스펠링을 기억해요.

_____

내 롤 모델은 / ~이야 / 마이클 조던

02 그는 매우 훌륭한 농구 선수야.

'매우 훌륭한'은 very good을 써요.

_____

그는 / ~이야 / 매우 훌륭한 / 농구 선수

03 그는 매우 열정적인 사람이야.

'열정적인'은 passionate예요.

_____

그는 / ~이야 / 매우 열정적인 / 사람

04 그는 리더십 능력을 가지고 있어.

'리더십'은 leadership을 써요.

_____

그는 / ~이 있어 / 리더십 능력

05 나는 그처럼 훌륭한 농구 선수가 되기를 원해.

'~처럼'은 like를 써요.

_____

나는 / 되기를 원해 / 훌륭한 농구 선수가 / 그처럼

⚠ Error Check

STEP 1 의 글과 STEP 3 의 글을 비교해 보세요. 다른 부분이 있다면 메모해 보세요.

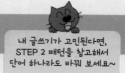

내 글쓰기가 고민된다면,
STEP 2 패턴을 참고해서
단어 하나라도 바꿔 보세요~

My Role Model

My role model is [롤 모델의 이름] .

롤 모델이 남자면 He,
여자면 She를 써요.

_____ is/was [롤 모델의 직업] .

_____ is a very [롤 모델의 성격 1] .

_____ has [롤 모델의 성격 2] .

I want to be [글쓴이의 희망] .

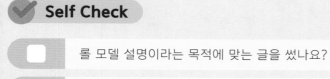
Self Check

☐ 롤 모델 설명이라는 목적에 맞는 글을 썼나요?

☐ 롤 모델의 직업, 성격이 포함되어 있나요?

☐ 철자, 문장 부호, 대소문자를 틀리지 않고 썼나요?

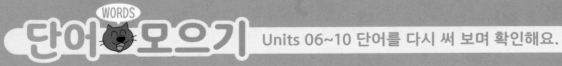
UNIT 06

- outgoing
- p　　　　사람
- a lot of
- a　　　　~ 주변에
- be good at
- give a presentation
- in front of
- full of energy
- p　　　　긍정적인

UNIT 07

- quiet
- talk
- much
- h　　　　근면한, 열심히 하는
- student
- patient
- g　　　　기쁜
- b　　　　왜냐하면
- b　　　　~와 친구로 지내다

UNIT 08

- pet
- female

UNIT 08

- poodle
- o　　　　다른
- than
- learn
- w　　　　잘 훈련된

UNIT 09

- main character
- movie
- m　　　　모범생
- t　　　　말썽꾸러기
- such
- bad
- b　　　　소년

UNIT 10

- role model
- b　　　　농구 선수
- p　　　　열정적인
- man
- leadership
- skill
- l　　　　~처럼

문장 스트레칭 패턴 문장을 참고해 나의 문장을 써 봐요.

UNIT
06

대표 문장

1 I am an outgoing person.
2 I'm good at giving presentations.
3 I'm positive about everything.

변형 문장

1 I am an easygoing person.
2 I'm good at being polite.
3 He's negative about everything.

빈 공간에 한 번씩
따라 쓰면 좋아요!

나의 문장

1 _____

2 _____

3 _____

UNIT
07

대표 문장

1 Semi is a quiet person.
2 She doesn't talk much.
3 I am glad because I'm friends with her.

변형 문장

1 Brian is a cheerful person.
2 He doesn't like hurrying.
3 I am glad because she is kind to me.

빈 공간에 한 번씩
따라 쓰면 좋아요!

나의 문장

1 _____

2 _____

3 _____

1 Dodo **is** a female poodle.
2 Poodles **are** nicer **than** other dogs.
3 She is **very well trained.**

1 Dodo **is** a male poodle.
2 Persian cats **are** quieter **than** other cats.
3 She is **very well toilet trained.**

빈 공간에 한 번씩
따라 쓰면 좋아요!

1

2

3

1 Grace **is** the main character in my favorite movie.
2 She **is** a model student.
3 I don't think Max is **such a bad boy.**

1 Tom **is** a supporting character in my favorite book.
2 I am a model student.
3 I don't think Sue is **such a bad girl.**

빈 공간에 한 번씩
따라 쓰면 좋아요!

1

2

3

UNIT
10

대표 문장

1 My role model is Michael Jordan.
2 He is a very good basketball player.
3 He has leadership skills.

변형 문장

1 My role model is Yuna Kim.
2 She is a very famous actor.
3 He has an open mind.

빈 공간에 한 번씩
따라 쓰면 좋아요!

나의 문장

1

2

3

메모 | 어려웠던 문장만 모아 다시 써 보세요.

Character

Title:

내 이야기를
자유롭게 적어
보세요. 글쓰기에는
정답이 없으니까요.

 스펠링과 문법 확인을 위해 네이버 사전, 파파고 앱이나
그래멀리 웹사이트(grammarly.com)를 이용할 수 있어요.

Topic 3

Health
건강

규칙적인 하루를 나타내는 데 필요한 표현 배우기

I Live a Regular Life.

나는 규칙적인 일상생활을 해.

STEP 1 **따라 쓰기** | 규칙적인 하루에 대해 읽으며 따라 쓰세요.

01 I live a regular life every day.

02 I eat regularly.

03 I exercise for an hour every day.

04 I don't watch YouTube for more than 30 minutes a day.

05 I have a healthy lifestyle.

해석 및 정답 ▶ 148쪽

Quiz 위 내용과 일치하면 ○, 아니면 X에 표시하세요.

■ I exercise for an hour every day.	O	X
■ I watch YouTube for an hour a day.	O	X

Words

live 살다	**regular** 규칙적인	**regularly** 규칙적으로	**exercise** 운동하다	**hour** 시간
watch 보다, 시청하다	**minute** 분	**healthy** 건강한	**lifestyle** 생활 방식	

STEP 2 패턴 연습하기 | 활용하기 좋은 패턴을 익혀 보세요.

01 I eat regularly.

나는 규칙적으로 식사해.

예문 쓰기 She exercises regularly.

그녀는 규칙적으로 운동해.

내 문장 쓰기 ________________ regularly.

'규칙적으로'는 regularly를 써요. 여러분이 규칙적으로 하는 활동은 무엇인가요? eat(먹다), sleep(자다), exercise(운동하다), study(공부하다), read(읽다), run(달리다) 등 매일 습관처럼 하는 것들을 적어 보세요.

02 I exercise for an hour every day.

난 매일 한 시간 동안 운동해.

예문 쓰기 I exercise for two hours every day.

난 매일 두 시간 동안 운동해.

내 문장 쓰기 She exercises ________________ every day.

얼마 동안 무슨 일을 했다는 걸 나타낼 때는 'for+시간'을 써요. 짧게는 second(초), minute(분), 길게는 hour(시간), day(일), week(주), month(달) 등을 쓸 수 있어요.

03 I don't watch YouTube for more than 30 minutes a day.

나는 하루에 30분 이상 유튜브를 보지 않아.

예문 쓰기 I don't read books for more than 1 hour a day.

나는 하루에 1시간 이상 책을 읽지 않아.

내 문장 쓰기 I don't ________________.

부정문이에요. more than은 '~보다 많이, ~ 이상'이라는 뜻이에요. 여러분이 하루에 일정 시간 이상 하지 않는 일이 뭐가 있는지 생각해서 적어 보세요.

01 **나는 매일 규칙적인 일상생활을 해.**
'규칙적인 일상생활'은 regular life로 써요.

_____

나는 / 살아 / 규칙적인 일상생활을 / 매일

02 **나는 규칙적으로 식사해.**
'규칙적으로'는 regularly로 써요.

_____

나는 / 식사해 / 규칙적으로

03 **나는 매일 한 시간 동안 운동해.**
'운동하다'는 exercise를 써요.

_____

나는 / 운동해 / 한 시간 동안 / 매일

04 **나는 하루에 30분 이상 유튜브를 보지 않아.**
'~ 이상'은 more than을 써요.

_____

나는 / 보지 않아 / 유튜브를 / 30분 이상 / 하루에

05 **나는 건강한 생활 방식을 가지고 있어.**
'생활 방식'은 lifestyle로 써요.

_____

나는 / 가지고 있어 / 건강한 / 생활 방식을

⚠ **Error Check**

STEP 1 의 글과 STEP 3 의 글을 비교해 보세요. 다른 부분이 있다면 메모해 보세요.

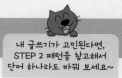

내 글쓰기가 고민된다면,
STEP 2 패턴을 참고해서
단어 하나라도 바꿔 보세요~

My Regular Life

I live a regular life every day.

I ___일정 1___ regularly.

I ___일정 2___ .

I don't ___일정 3___ .

시간도
함께 써요.

I have a healthy lifestyle.

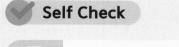

Self Check

규칙적인 하루 소개의 목적에 맞는 글을 썼나요?

규칙적으로 하는 일과 그 일을 하는 시간이 포함되어 있나요?

철자, 문장 부호, 대소문자를 틀리지 않고 썼나요?

운동의 장점 소개에 필요한 표현 배우기

Swimming Is a Healthy Activity.

수영은 건강한 활동이야.

STEP 1 | **따라 쓰기** | 운동의 장점에 대해 읽으며 따라 쓰세요.

01 I am good at swimming.

02 Swimming is a healthy activity.

03 It makes my arms and legs strong.

04 It makes me get close to water.

05 It is helpful for various summer sports.

해석 및 정답 ▶ 148쪽

Quiz 위 글을 읽고 수영의 장점에 해당하는 문장에 체크해 보세요.

☐ Swimming is a healthy activity.

☐ Swimming makes my arms and legs strong.

☐ Swimming makes me get close to snow.

Words

swimming 수영   **arm** 팔   **leg** 다리   **strong** 튼튼한, 강한   **close** 가까운, 친근한
helpful 도움이 되는   **various** 다양한   **summer** 여름

68

01 **I am good at swimming.**
나는 수영을 잘해.

예문 쓰기 **I am good at** speaking English.
나는 영어 말하기를 잘해.

내 문장 쓰기 I am good at _____.

be good at 뒤에 명사가 바로 오기도 하지만 이렇게 '동사+-ing' 형태를 쓰기도 해요. 동사에 -ing를 붙인 형태를 '동명사'라고 불러요. singing(노래 부르기), dancing(춤추기), presenting(발표하기) 등을 활용해 써 보세요.

02 **It makes me get close to water.**
그것은 나를 물과 친해지게 해 줘.

예문 쓰기 **It makes me get close** to my friends.
그것은 나를 친구들과 친해지게 해 줘.

내 문장 쓰기 It makes me get close _____.

'It makes me+동사원형' 구문은 아주 유용하게 쓰이는 구문이에요. 하지만 조금 어려운 구문이니까 뒤에 어떤 것과 친해지게 되는지만 바꿔서 써 보는 연습을 해 볼게요.

03 **It is helpful for various summer sports.**
그것은 다양한 여름 스포츠에 도움이 돼.

예문 쓰기 **It is helpful for various** winter sports.
그것은 다양한 겨울 스포츠에 도움이 돼.

내 문장 쓰기 It is helpful for various _____.

어떤 스포츠에 도움이 되는지에 대해 문장을 작성할 때 필요한 구문이에요. summer sports(여름 스포츠), winter sports(겨울 스포츠), indoor sports(실내 스포츠), outdoor sports(실외 스포츠) 등을 활용해 써 보세요.

01 나는 수영을 잘해.

'~을 잘해'는 be good at을 써요.

_____

나는 / ~을 잘해 / 수영

02 수영은 건강한 활동이야.

'건강한'은 healthy를 써요.

_____

수영은 / ~이야 / 건강한 활동

03 그것은 나의 팔과 다리를 튼튼하게 만들어.

'튼튼한'은 strong을 써요.

_____

그것은 / 만들어 / 나의 팔과 다리를 / 튼튼한

04 그것은 나를 물과 친해지게 해 줘.

'~과 친해지다'는 get close to를 써요.

_____

그것은 / 만들어 / 나를 / 물과 친해지게

05 그것은 다양한 여름 스포츠에 도움이 돼.

'다양한'은 various를 써요.

_____

그것은 / 도움이 돼 / 다양한 여름 스포츠에

⚠ Error Check

STEP 1 의 글과 STEP 3 의 글을 비교해 보세요. 다른 부분이 있다면 메모해 보세요.

내 글쓰기가 고민된다면,
STEP 2 패턴을 참고해서
단어 하나라도 바꿔 보세요~

Healthy Sports

I am good at [운동명] .

자신이 잘하는
운동을 써요.

[운동명] is a healthy activity.

It makes [장점 1] .

It makes [장점 2] .

It is helpful for various [   ] sports.

 **Self Check**

운동의 장점 소개라는 목적에 맞는 글을 썼나요?

운동명과 장점이 포함되어 있나요?

철자, 문장 부호, 대소문자를 틀리지 않고 썼나요?

건강 관리 설명에 필요한 표현 배우기

He Has a Lot of Bad Teeth.

그는 충치가 많아.

STEP 1 **따라 쓰기** | 건강 관리에 대해 읽으며 따라 쓰세요.

01 My brother likes sweets.

02 So he has a lot of bad teeth.

03 The dentist says, "Brush your teeth three times a day."

04 She also says to cut down on jelly and candy.

05 My brother and I decided to cut down on them.

해석 및 정답 ▶ 149쪽

Quiz 위 글에 언급된 치과 의사의 조언으로 알맞은 것을 모두 고르세요.

☐ Get up early in the morning.
☐ Brush your teeth three times a day.
☐ Cut down on jelly and candy.

Words

sweets 단것	**bad tooth** 충치	**dentist** 치과 의사	**cut down on** 줄이다
jelly 젤리	**candy** 사탕	**decide** 결심하다	

72

01 The dentist **says**, "Brush your teeth."

치과 의사가 "이를 닦으렴." 하고 말씀하셔.

예문 쓰기 The doctor **says**, "Take some medicine."

의사가 "약을 좀 먹으렴." 하고 말씀하셔.

내 문장 쓰기 _____ says, "_____."

> 큰따옴표 안에 내용을 넣으면 말한 사람의 말을 그대로 전달하는 거예요. '…가 ~라고 말하다'는 '주어+says, ~'를 써요.
> I say(내가 말하길), She says(의사가 말하길), The teacher says(선생님이 말하길)가 돼요.

02 Cut down on jelly and candy.

젤리와 사탕을 줄여라.

예문 쓰기 Cut down on sugar and flour.

설탕과 밀가루를 줄여라.

내 문장 쓰기 Cut down on _____.

> 몸에 좋지 않은 음식은 줄이는 게 좋겠지요? sugar(설탕), salt(소금), flour(밀가루), meat(고기), junk food(정크 푸드)
> 등 너무 많이 먹으면 몸에 좋지 않은 것들을 생각해 봐요.

03 My brother and I decided to **cut down on them.**

남동생과 나는 그것들을 줄이기로 결심했어.

예문 쓰기 She decided to **cut down on them.**

그녀는 그것들을 줄이기로 결심했어.

내 문장 쓰기 _____ cut down on them.

> decided to는 통째로 기억해 놓으면 유용해요. '~하기로 결심했어', 즉 '(앞으로) ~하겠다'란 표현이에요. 앞에 주어를 바꿔
> 가며 쓰면서 표현을 연습해 보세요.

01 내 남동생은 단것을 좋아해. '단것'은 sweets라고 해요.

_____

내 남동생은 / 좋아해 / 단것을

02 그래서 그는 충치가 많아. '많은'은 a lot of를 써요.

_____

그래서 / 그는 / ~이 있어 / 많은 충치

03 치과 의사가 "하루에 세 번 양치하렴." 하고 말씀하셔. '양치하다'는 brush one's teeth를 써요.

_____

치과 의사가 / 말씀하셔 / "양치해 / 하루에 세 번"

04 그녀는 또한 젤리와 사탕 역시 줄이라고 말씀하셔. '줄이다'는 cut down on을 써요.

_____

그녀는 / 또한 / 말씀하셔 / 줄이라고 / 젤리와 사탕 / 역시

05 남동생과 나는 그것들을 줄이기로 결심했어. '결심하다'는 decide를 써요.

_____

남동생과 나는 / 결심했어 / 줄이기로 / 그것들을

⚠ Error Check

STEP 1 의 글과 STEP 3 의 글을 비교해 보세요. 다른 부분이 있다면 메모해 보세요.

Bad Health Habits

사람　　　　　　　　likes　평소 습관　　　　　.

So　　has　건강 관리가 필요한 곳　　.

> 어떤 부분의 건강이 안 좋은지 써 보세요.

The doctor says, "의사의 조언 1　　　　"

also says to　의사의 조언 2　　　.

decided　결심한 내용　　　.

　　　　　　　　　.

Self Check

- [ ] 건강 관리 설명이라는 목적에 맞는 글을 썼나요?
- [ ] 건강이 안 좋은 곳, 하지 말아야 할 행동이 포함되어 있나요?
- [ ] 철자, 문장 부호, 대소문자를 틀리지 않고 썼나요?

Unit 14

식습관 설명에 필요한 표현 배우기

I Used to Eat Junk Food.

나는 정크 푸드를 먹곤 했어.

01 **Healthy eating habits** are always necessary.

02 **Bad eating habits** make me gain weight.

03 I used to eat junk food.

04 But now I try to eat more vegetables.

05 **I eat, sleep, and exercise** regularly every day.

해석 및 정답 ▶ 149쪽

Quiz 위 글을 읽고 I가 매일 규칙적으로 하는 세 가지를 써 보세요.

Words

eating habit 식습관   necessary 필요한   gain 얻다, 늘어나다   weight 몸무게
used to ~하곤 했다   junk food 정크 푸드(패스트푸드)   try to ~하려고 노력하다   vegetable 채소

01 **Bad eating habits make me gain weight.**
나쁜 식습관은 나를 살찌게 만들어.

예문 쓰기 **Bad eating habits make me sick.**
나쁜 식습관은 나를 아프게 만들어.

내 문장 쓰기 Bad eating habits make me _____.

나쁜 식습관은 여러분을 gain weight(살이 찌다), lose weight(살이 빠지다), sick(아픈) 상태로 만들어요.

02 **I used to eat junk food.**
나는 정크 푸드를 먹곤 했어.

예문 쓰기 **I used to eat spicy food.**
나는 매운 음식을 먹곤 했어.

내 문장 쓰기 I used to eat _____.

과거에 자주했던 습관을 표현할 때 used to를 써요. 예전에는 먹었지만 지금은 먹지 않는 음식이 있나요? junk food는 햄버거나 피자 같은 패스트푸드와 배달 음식 등을 말해요.

03 **I try to eat more vegetables.**
나는 채소를 좀 더 먹으려고 노력해.

예문 쓰기 **I try to drink more water.**
나는 물을 좀 더 마시려고 노력해.

내 문장 쓰기 I try to _____.

try to는 '~하려고 노력하다'라는 뜻이에요. vegetables(채소), fruits(과일), nuts(견과류) 등은 동사 eat(먹다)를 쓰고, water(물), milk(우유), tea(차) 등은 동사 drink(마시다)를 써요.

STEP 3 다시 쓰기 | 해석을 보고 영어로 써 보세요.

01 건강한 식습관은 항상 필요해.

necessary는 스펠링이 어려워요.

_____

건강한 식습관은 / ~이야 / 항상 / 필요한

02 나쁜 식습관은 나를 살찌게 만들어.

'살이 찌다'는 gain weight를 써요.

_____

나쁜 식습관은 / 만들어 / 나를 / 살찌게

03 나는 정크 푸드를 먹곤 했어.

'정크 푸드'는 junk food예요.

_____

나는 / ~하곤 했어 / 먹다 / 정크 푸드를

04 그러나 지금 나는 채소를 좀 더 먹으려고 노력해.

'노력하다'는 try to를 써요.

_____

그러나 / 지금 / 나는 / 노력해 / 먹으려고 / 좀 더 / 채소를

05 나는 매일 규칙적으로 먹고, 자고, 그리고 운동해.

'규칙적으로'는 regularly를 써요.

_____

나는 / 먹고 / 자고 / 그리고 / 운동해 / 규칙적으로 / 매일

⚠ **Error Check**

STEP 1 의 글과 STEP 3 의 글을 비교해 보세요. 다른 부분이 있다면 메모해 보세요.

78

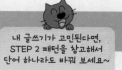

내 글쓰기가 고민된다면,
STEP 2 패턴을 참고해서
단어 하나라도 바꿔 보세요~

My Eating Habits

과거에 주로 먹었던
음식의 종류를 쓰세요.

Healthy eating habits   좋은 식습관에 대한 생각   .

Bad eating habits   나쁜 식습관에 대한 생각   .

I used to   과거의 안 좋은 식습관   .

But now I   현재 노력하는 좋은 식습관   .

I eat, sleep, and exercise   매일 규칙적으로   .

✔ Self Check

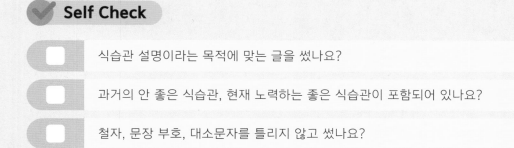

☐ 식습관 설명이라는 목적에 맞는 글을 썼나요?

☐ 과거의 안 좋은 식습관, 현재 노력하는 좋은 식습관이 포함되어 있나요?

☐ 철자, 문장 부호, 대소문자를 틀리지 않고 썼나요?

Unit 15

다친 경험을 설명할 때 필요한 표현 배우기

I Should Be Careful.

나는 조심해야만 해.

01 I fell while riding my bicycle yesterday.

02 I didn't wear a helmet and kneepads.

03 So I broke my leg.

04 I got a cast and was treated at the hospital.

05 I should be careful the next time.

해석 및 정답 ▶ 150쪽

Quiz 위 내용과 일치하면 ○, 아니면 X에 표시하세요.

■ I fell while riding my bicycle today.	O	X
■ I got a cast and was treated at the hospital.	O	X

Words

fell (fall의 과거형) 넘어졌다   yesterday 어제   helmet 헬멧   kneepad 무릎 보호대
broke one's leg 다리가 부러졌다   cast 깁스   treat 치료하다   careful 조심하는

01 I fell while riding my bicycle yesterday.
나는 어제 자전거를 타다가 넘어졌어.

예문 쓰기 I fell while running yesterday.
나는 어제 달리기를 하다가 넘어졌어.

내 문장 쓰기 I fell while _____ yesterday.

> fall의 과거형은 fell이에요. 뒤에 yesterday(어제)라는 말 때문에 과거형으로 써요. 무엇을 하다가 넘어졌는지를 쓸 때는 while -ing 형태로 써 주어요. running(달리기), playing soccer(축구하기), skiing(스키 타기) 등을 활용해 보세요.

02 I broke my leg.
나는 다리가 부러졌어.

예문 쓰기 I broke my arm.
나는 팔이 부러졌어.

내 문장 쓰기 I broke _____.

> break의 과거형은 broke예요. 신체 부위 중 하나가 부러졌다는 표현을 할 때 이 동사를 쓸 수 있어요. leg(다리), arm(팔), nose(코), back(허리, 등), neck(목), wrist(손목) 등의 신체 부위 표현을 활용해 써 보세요.

03 I got a cast and was treated at the hospital.
나는 병원에서 깁스를 하고 치료받았어.

예문 쓰기 I got physical therapy and was treated at the hospital.
나는 병원에서 물리치료를 받고 치료받았어.

내 문장 쓰기 I _____ at the hospital.

> 병원에서 어떤 치료를 받았나요? get a cast(깁스를 하다), get physical therapy(물리치료를 받다), get a shot(주사를 맞다) 등을 활용해 써 보세요.

01 나는 어제 자전거를 타다가 넘어졌어.

fall의 과거형은 fell이에요.

_____

나는 / 넘어졌어 / 동안에 / 자전거를 타는 / 어제

02 나는 안전모와 무릎 보호대를 하지 않았어.

'쓰다', '입다', '신다'는 모두 동사 wear를 써요.

_____

나는 / 하지 않았어 / 안전모와 무릎 보호대를

03 그래서 나는 다리가 부러졌어.

break의 과거는 broke예요.

_____

그래서 / 나는 / 다리가 부러졌어

04 나는 병원에서 깁스를 하고 치료받았어.

'깁스를 하다'는 get a cast라고 써요.

_____

나는 / 깁스를 했어 / 그리고 / 치료받았어 / 병원에서

05 나는 다음번에 주의해야만 해.

'~해야 한다'는 조동사는 should를 써요.

_____

나는 / ~해야만 해 / 주의하다 / 다음번에

⚠ **Error Check**

STEP 1 의 글과 STEP 3 의 글을 비교해 보세요. 다른 부분이 있다면 메모해 보세요.

Be Careful

무엇을 하다 다쳤는지 쓰세요.

I fell 다친 이유 1 .

다친 이유 2 .

So 다친 부위 .

치료 받은 내용 .

I should be careful the next time.

Self Check

☐ 다친 경험을 설명하는 목적에 맞는 글을 썼나요?

☐ 다친 이유와 치료받은 내용이 포함되어 있나요?

☐ 철자, 문장 부호, 대소문자를 틀리지 않고 썼나요?

UNIT 11			UNIT 13		
☐	live		☐	c	줄이다
☐	regular		☐	jelly	
☐	r	규칙적으로	☐	candy	
☐	exercise		☐	d	결심하다
☐	hour		**UNIT 14**		
☐	w	보다, 시청하다	☐	eating habit	
☐	minute		☐	necessary	
☐	healthy		☐	g	얻다, 늘어나다
☐	lifestyle		☐	w	몸무게
UNIT 12			☐	used to	
☐	swimming		☐	junk food	
☐	a	팔	☐	t	~하려고 노력하다
☐	l	다리	☐	v	채소
☐	strong		**UNIT 15**		
☐	close		☐	fell	
☐	h	도움이 되는	☐	yesterday	
☐	v	다양한	☐	h	헬멧
☐	summer		☐	k	무릎 보호대
UNIT 13			☐	b	다리가 부러졌다
☐	sweets		☐	cast	
☐	bad tooth		☐	t	치료하다
☐	d	치과 의사	☐	c	조심하는

문장 SENTENCES 스트레칭 패턴 문장을 참고해 나의 문장을 써 봐요.

UNIT 11

대표 문장

1 I eat regularly.
2 I exercise for an hour every day.
3 I don't watch YouTube for more than 30 minutes a day.

변형 문장

1 She exercises regularly.
2 I exercise for two hours every day.
3 I don't read books for more than 1 hour a day. 빈 공간에 한 번씩 따라 쓰면 좋아요!

나의 문장

1

2

3

UNIT 12

대표 문장

1 I am good at swimming.
2 It makes me get close to water.
3 It is helpful for various summer sports.

변형 문장

1 I am good at speaking English.
2 It makes me get close to my friends.
3 It is helpful for various winter sports.

빈 공간에 한 번씩 따라 쓰면 좋아요!

나의 문장

1

2

3

UNIT 13

1 The dentist says, "Brush your teeth."
2 Cut down on jelly and candy.
3 My brother and I desided to cut down on them.

변형 문장

1 The doctor says, "Take some medicine."
2 Cut down on sugar and flour.
3 She desided to cut down on them.

빈 공간에 한 번씩
따라 쓰면 좋아요!

나의 문장

1 _____

2 _____

3 _____

대표 문장

UNIT 14

1 Bad eating habits make me gain weight.
2 I used to eat junk food.
3 I try to eat more vegetables.

변형 문장

1 Bad eating habits make me sick.
2 I used to eat spicy food.
3 I try to drink more water.

빈 공간에 한 번씩
따라 쓰면 좋아요!

나의 문장

1 _____

2 _____

3 _____

UNIT 15

대표 문장

1 I fell while riding my bicycle yesterday.
2 I broke my leg.
3 I got a cast and was treated at the hospital.

빈 공간에 한 번씩
따라 쓰면 좋아요!

변형 문장

1 I fell while running yesterday.
2 I broke my arm.
3 I got physical therapy and was treated at the hospital.

나의 문장

1

2

3

메모   어려웠던 문장만 모아 다시 써 보세요.

87

Topic 3 Health

Title:

 스펠링과 문법 확인을 위해 네이버 사전, 파파고 앱이나
그래멀리 웹사이트(grammarly.com)를 이용할 수 있어요.

내 이야기를 자유롭게 적어 보세요. 글쓰기에는 정답이 없으니까요.

Topic 4
Holiday
휴일

Unit 16

가족 여행을 설명하는 데 필요한 표현 배우기

My Family Went on a Trip.

우리 가족은 여행을 갔어.

01 My aunt's house is on Jeju Island.

02 My family went on a trip to Jeju Island this winter vacation.

03 I had a good time with my relatives.

04 We traveled to Jeju Island for three days.

05 I was happy because I was with my family.

해석 및 정답 ▶ 151쪽

Quiz 위 내용을 잘 이해했는지 빈칸을 채워 보세요.

■ My aunt's house is on _____ .

■ My family traveled to Jeju Island for _____ .

Words

aunt 이모, 고모	**Jeju Island** 제주도	**go on a trip** 여행을 가다	**winter vacation** 겨울 방학
time 시간	**relative** 친척	**travel** 여행하다	

01 My aunt's **house is** on Jeju Island.

우리 이모네는 제주도에 있어.

예문 쓰기

My uncle's **house is** in Gwangju.

우리 삼촌네는 광주에 있어.

내 문장 쓰기

_____ house is _____.

> 여러분도 다른 지방에 사는 친척이 있나요? 여러분의 친척들은 어디에 사시나요? aunt(이모, 고모), uncle(삼촌), cousin (사촌), grandparents(조부모님) 등이 사는 지역명을 써 봐요.

02 I had a good time with my relatives.

나는 친척들과 좋은 시간을 보냈어.

예문 쓰기

I had a good time with my grandparents.

나는 조부모님과 좋은 시간을 보냈어.

내 문장 쓰기

I had a good time with _____.

> '~와 좋은 시간을 보냈다'란 표현을 할 때는 I had a good time with ~ 구문을 써요. 여러분은 누구를 만났을 때 기뻤나요?

03 We traveled to Jeju Island for three days.

우리는 3일 동안 제주도를 여행했어.

예문 쓰기

We traveled to Gangwon-do for two days.

우리는 2일 동안 강원도를 여행했어.

내 문장 쓰기

We traveled to _____.

> 어떤 장소를 며칠 동안 여행했다고 표현할 때는 'travel to+장소+for+기간' 구문을 써요. 여러분이 여행했던 곳과 기간을 떠올려 써 보세요.

01 우리 이모네는 제주도에 있어.   '이모', '고모' 모두 aunt를 써요.

_____

우리 이모네는 / 있어 / 제주도에

02 우리 가족은 이번 겨울 방학에 제주도로 여행을 갔어.   '여행을 가다'는 go on a trip을 써요.

_____

우리 가족은 / 여행을 갔어 / 제주도로 / 이번 겨울 방학에

03 나는 친척들과 좋은 시간을 보냈어.   '좋은 시간을 보내다'는 have a good time을 써요.

_____

나는 / 좋은 시간을 보냈어 / 친척들과

04 우리는 3일 동안 제주도를 여행했어.   '~ 동안'은 'for+기간'을 써요.

_____

우리는 / 여행했어 / 제주도를 / 3일 동안

05 나는 가족과 함께 있었기 때문에 행복했어.   '행복한'은 happy를 써요.

_____

나는 / 행복했어 / 왜냐하면 / 나는 있었어 / 가족과 함께

⚠ Error Check

STEP 1 의 글과 STEP 3 의 글을 비교해 보세요. 다른 부분이 있다면 메모해 보세요.

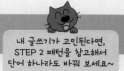

내 글쓰기가 고민된다면,
STEP 2 패턴을 참고해서
단어 하나라도 바꿔 보세요~

Go on a Trip

여행 장소를
써 보세요.

인물 's house is 지역 .

My family went on a trip 지역과 시기 .

I had a good time with 인물 .

We traveled 지역과 일정 .

I was 기분 because I was with

my family.

✓ **Self Check**

☐ 가족 여행을 설명하는 목적에 맞는 글을 썼나요?

☐ 가족 여행의 장소, 시기, 기간이 포함되어 있나요?

☐ 철자, 문장 부호, 대소문자를 틀리지 않고 썼나요?

Unit 17

There Is Lunar New Year's Day.

음력설이 있어.

STEP 1 | **따라 쓰기** | 연휴에 대해 읽으며 따라 쓰세요.

01 There are New Year's Day and Lunar New Year's Day in Korea.

02 My family celebrates Lunar New Year's Day.

03 We eat *tteokguk* on Lunar New Year's Day.

04 There are many foods, such as *tteokguk*, *japchae*, and meat.

05 I receive New Year's money, too.

해석 및 정답 ▶ 151쪽

Quiz 위 내용과 일치하는 문장에 체크해 보세요.

☐ We eat *tteokguk* on Lunar New Year's Day.

☐ I receive New Year's money, too.

☐ My family doesn't celebrate Lunar New Year's Day.

Words

New Year's Day 새해 첫날, 양력설	**Lunar New Year's Day** 음력설	**celebrate** 축하하다
tteokguk 떡국 **such as** ~처럼	*japchae* 잡채 **meat** 고기	**receive** 받다 **money** 돈

94

01
My family celebrates Lunar New Year's Day.
우리 가족은 음력설을 지내.

예문 쓰기
My family celebrates Chuseok.
우리 가족은 추석을 지내.

내 문장 쓰기
My family celebrates _____.

🐶 우리나라 설날은요. 1월 1일인 New Year's Day(양력설)와 음력으로 쇠는 Lunar New Year's Day(음력설) 두 가지가 있어요. 또 하나의 큰 명절인 Chuseok(추석)은 미국의 Thanksgiving Day(추수감사절)와 비슷해요.

02
We eat *tteokguk* on Lunar New Year's Day.
우리는 음력설에 떡국을 먹어.

예문 쓰기
We eat *songpyeon* on Chuseok.
우리는 추석에 송편을 먹어.

내 문장 쓰기
We eat _____ on _____.

🐶 특정 명절이나 휴일 앞에는 전치사 on을 써요. on Lunar New Year's Day(음력설에), on Chuseok(추석에)처럼요. 명절마다 먹는 음식은 로마자 표기법에 맞게 써 보세요.

03
I receive New Year's money.
나는 세뱃돈을 받아.

예문 쓰기
I dress up in a *hanbok*.
나는 한복을 입어.

내 문장 쓰기
I _____.

🐶 명절에는 여러 가지 즐거운 일이 많아요. 세뱃돈을 받기도 하고, 예쁜 한복을 입어 볼 수도 있어요. 다 같이 모여 앉아 make *songpyeon* and dumplings(송편과 만두를 만들다)를 하거나 추석에는 see the full moon(보름달을 보다)을 볼 수도 있지요.

01 한국에는 양력설과 음력설이 있어.

New Year's Day는 '양력설',
Lunar New Year's Day는 '음력설'이에요.

_____

~이 있어 / 양력설과 음력설이 / 한국에는

02 우리 가족은 음력설을 지내.

'지내다'는 동사 celebrate를 써요.

_____

우리 가족은 / 지내 / 음력설을

03 우리는 음력설에 떡국을 먹어.

'떡국'은 로마자 표기로 tteokguk이라고 써요.

_____

우리는 / 먹어 / 떡국을 / 음력설에

04 떡국, 잡채, 그리고 고기 같은 많은 음식들이 있어.

'잡채'는 japchae라고 써요.

_____

~이 있어 / 많은 음식들이 / ~ 같은 / 떡국, 잡채, 그리고 고기

05 나는 또한 세뱃돈을 받아.

'받다'는 동사 receive를 써요.

_____

나는 / 받아 / 세뱃돈을 / 또한

⚠ Error Check

STEP **1** 의 글과 STEP **3** 의 글을 비교해 보세요. 다른 부분이 있다면 메모해 보세요.

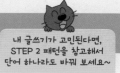

내 글쓰기가 고민된다면,
STEP 2 패턴을 참고해서
단어 하나라도 바꿔 보세요~

A Happy Holiday

우리나라의 명절 중
하나를 써 보세요.

There is [우리나라의 명절] in Korea.

My family celebrates [우리나라의 명절].

We eat [명절에 먹는 음식 1].

There are many foods, such as [명절에 먹는 음식 2]

.

I [명절에 하는 일], too.

Self Check

명절 설명이라는 목적에 맞는 글을 썼나요?

명절 이름과 명절에 먹는 음식, 활동이 포함되어 있나요?

철자, 문장 부호, 대소문자를 틀리지 않고 썼나요?

어린이날 설명에 필요한 표현 배우기

May 5th Is Children's Day.

5월 5일은 어린이날이야.

STEP 1 **따라 쓰기** | 어린이날에 대해 읽으며 따라 쓰세요.

01 May 5th Is Children's Day in Korea.

02 There are many events on Children's Day.

03 Many children go to amusement parks with their parents.

04 People also eat out at family restaurants.

05 Every year, Korean children look forward to Children's Day.

해석 및 정답 ▶ 152쪽

Quiz 위 글에서 언급한 어린이날과 관련된 것들을 골라 ○하세요.

| amusement park | May | study room | eat out |
| carnation | Christmas tree | *tteokguk* | children |

Words

May 5월   Children's Day 어린이날   event 행사, 이벤트   amusement park 놀이동산
parents 부모님   Korean 한국의   look forward to ~을 기대하다

01 **May 5th is Children's Day.**

5월 5일은 어린이날이야.

예문 쓰기

May 8th is Parents' Day.

5월 8일은 어버이날이야.

내 문장 쓰기

_____ **is** _____ .

날짜 쓰기를 기억하나요? 1~12월까지의 월 이름을 영어로 알아 두세요. 그리고 일은 **first**(1일), **second**(2일), **third**(3일), **fourth**(4일), **fifth**(5일)처럼 서수로 써요. 대표적인 휴일들의 날짜를 확인해서 작성해 보세요.

02 **Many children go to amusement parks.**

많은 아이들이 놀이동산에 가.

예문 쓰기

Many children go to swimming pools.

많은 아이들이 수영장에 가.

내 문장 쓰기

Many children go to _____ .

어린이날 여러분은 어디에 가고 싶나요? **amusement park**(놀이공원), **swimming pool**(수영장), **exhibition**(전시회), **ice rink**(스케이트장) 등 가고 싶은 곳을 넣어 써 보세요.

03 **People eat out at family restaurants.**

사람들은 패밀리 레스토랑에서 외식을 해.

예문 쓰기

She eats out at a Korean restaurant.

그녀는 한식당에서 외식을 해.

내 문장 쓰기

He eats out _____ .

Korean restaurant(한식당), **Italian restaurant**(이탈리아 음식점), **buffet**(뷔페), **Chinese restaurant**(중식당) 등을 활용해 외식할 때 가는 식당을 표현해 보세요.

01 5월 5일은 한국에서 어린이날이야.

날짜는 '월 이름+서수'로 써요.

_____

5월 5일은 / ~이야 / 어린이날 / 한국에서

02 어린이날에는 많은 행사들이 있어.

특정한 날 앞에는 전치사 on을 써요.

_____

~이 있어 / 많은 행사들이 / 어린이날에는

03 많은 아이들이 그들의 부모님과 놀이동산에 가.

'놀이동산'은 amusement park예요.

_____

많은 아이들이 / ~에 가 / 놀이동산 / 그들의 부모님과

04 사람들은 또한 패밀리 레스토랑에서 외식을 해.

'또한'은 also를 써요.

_____

사람들은 / 또한 / 외식을 해 / 패밀리 레스토랑에서

05 매년, 한국 어린이들은 어린이날을 기대해.

'기대하다'는 look forward to를 써요.

_____

매년 / 한국 어린이들은 / 기대해 / 어린이날을

⚠ Error Check

STEP 1 의 글과 STEP 3 의 글을 비교해 보세요. 다른 부분이 있다면 메모해 보세요.

내 글쓰기가 고민된다면,
STEP 2 패턴을 참고해서
단어 하나라도 바꿔 보세요~

Children's Day

May 5th is Children's Day in Korea.

어린이날에 할 수
있는 일을 써 보세요.

There are   어린이날에 하는 일 1   .

Many children   어린이날에 하는 일 2   .

People also   어린이날에 하는 일 3   .

Every year,   기대감 표현   .

_____ .

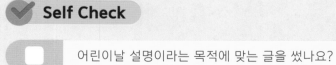
Self Check

어린이날 설명이라는 목적에 맞는 글을 썼나요?

어린이날의 날짜, 하는 일이 포함되어 있나요?

철자, 문장 부호, 대소문자를 틀리지 않고 썼나요?

어버이날 설명에 필요한 표현 배우기

Parents' Day Is May 8th.

어버이날은 5월 8일이야.

STEP 1 **따라 쓰기** | 어버이날에 대해 읽으며 따라 쓰세요.

01 Parents' Day is May 8th in Korea.

02 On Parents' Day, children prepare flowers and small gifts.

03 They also make thank-you cards.

04 Children decorate the cards for their parents.

05 It is a happy day for parents.

Happy Parent's Day

해석 및 정답 ▶ 152쪽

Quiz 위 내용과 일치하면 ○, 아니면 X에 표시하세요.

■ Parents' Day is May 5th.	O	X
■ Children make thank-you cards for their parents.	O	X

Words

Parents' Day 어버이날   prepare 준비하다   flower 꽃   small 작은   gift 선물
thank-you card 감사 카드   decorate 꾸미다, 장식하다

01 **Children prepare** flowers and small gifts.
어린이들은 꽃과 작은 선물을 준비해.

예문 쓰기 **Children prepare** some food and cards.
어린이들은 음식과 카드를 준비해.

내 문장 쓰기 Children prepare _____.

어버이날 여러분은 무엇을 준비하나요? flower(꽃), gift(선물), food(음식), card(카드), surprise video(깜짝 비디오), letter(편지) 등 여러분이 준비할 수 있는 것을 써 봐요.

02 **They make** thank-you cards.
그들은 감사 카드를 만들어.

예문 쓰기 **They make** fancy books.
그들은 멋진 책을 만들어.

내 문장 쓰기 They make _____.

어버이날 선물로 무엇을 드릴 수 있을까요? thank-you card(감사 카드), fancy book(멋진 책), family album(가족 앨범) 등을 활용하여 작성해 보세요.

03 **It is** a happy day **for parents.**
부모님에게 행복한 날이야.

예문 쓰기 **It is** an amazing day **for parents.**
부모님에게 놀라운 날이야.

내 문장 쓰기 It is _____ for parents.

정성 어린 선물을 받은 엄마, 아빠는 기분이 어떠실까요? 기분이나 감정 표현을 넣어 문장을 만들어요. happy(행복한), nice (좋은), great(좋은), amazing(놀라운), touching(감동적인) 등의 형용사를 활용해 보세요.

01 한국에서 어버이날은 5월 8일이야.

'어버이날'은 Parents' Day를 써요.

_____

어버이날은 / ~이야 / 5월 8일 / 한국에서

02 어버이날에, 어린이들은 꽃과 작은 선물을 준비해.

특정한 날 앞에는 전치사 on을 써요.

_____

어버이날에 / 어린이들은 / 준비해 / 꽃과 작은 선물을

03 그들은 또한 감사 카드를 만들어.

'또한'은 also를 써요.

_____

그들은 / 또한 / 만들어 / 감사 카드를

04 어린이들은 그들의 부모님을 위해 카드를 장식해.

'장식하다'는 decorate를 써요.

_____

어린이들은 / 장식해 / 카드를 / 그들의 부모님을 위해

05 부모님에게 행복한 날이야.

'부모님에게'는 for parents를 써요.

_____

(비인칭 주어) / ~이야 / 행복한 날 / 부모님에게

⚠ Error Check

STEP 1 의 글과 STEP 3 의 글을 비교해 보세요. 다른 부분이 있다면 메모해 보세요.

내 글쓰기가 고민된다면,
STEP 2 패턴을 참고해서
단어 하나라도 바꿔 보세요~

Parents' Day

Parents' Day is May 8th in Korea.

어버이에 하는 일을
떠올려요.

On Parents' Day, children [하는 일 1   ].

They also [하는 일 2   ].

Children [하는 일 3   ].

It is [   ] for parents.

✓ **Self Check**

- 어버이날을 설명하기 위한 목적에 맞는 글을 썼나요?

- 어버이날의 날짜, 준비하는 선물이 포함되어 있나요?

- 철자, 문장 부호, 대소문자를 틀리지 않고 썼나요?

Unit 20

크리스마스 설명에 필요한 표현 배우기

Christmas Is December 25th.

크리스마스는 12월 25일이야.

STEP 1 **따라 쓰기** | 크리스마스에 대해 읽으며 따라 쓰세요.

01 Christmas is December 25th.

02 On this day, the whole world waits for Santa.

03 There is a Christmas tree in the house.

04 There is a Christmas festival outside the house.

05 People wish for a white Christmas.

해석 및 정답 ▶ 153쪽

Quiz 크리스마스 풍경에 맞는 어휘들을 골라 ○하세요.

May	White House	December	new year
Santa	Christmas tree	*japchae*	rain

Words

December 12월   **whole world** 전 세계   **wait** 기다리다   **Santa** 산타   **Christmas tree** 크리스마스 트리
festival 축제   **outside** 밖에   **wish** 바라다   **white Christmas** 화이트 크리스마스(눈이 오는 크리스마스)

01 There is a Christmas tree in the house.
집 안에 크리스마스 트리가 있어.

예문 쓰기 There is a Christmas candle in the house.
집 안에 크리스마스 양초가 있어.

내 문장 쓰기 There is _____ in the house.

크리스마스 풍경을 떠올려 보세요. 집 안에는 어떤 것들이 있나요? candle(양초), present(선물), Christmas stocking(크리스마스 양말) 등의 표현을 활용해 보세요.

02 There is a Christmas festival outside the house.
집 밖에 크리스마스 축제가 있어.

예문 쓰기 There are colorful lights outside the house.
집 밖에 화려한 불빛들이 있어.

내 문장 쓰기 There _____ outside the house.

크리스마스가 되면 집 밖이 더 요란하기도 하지요. Christmas festival(크리스마스 축제)도 열리고, colorful lights(화려한 불빛들)도 있고, Santa Claus(산타) 복장을 한 사람들도 많아요.

03 People wish for a white Christmas.
사람들은 화이트 크리스마스를 바라.

예문 쓰기 I wish for a holy Christmas.
나는 신성한 크리스마스를 바라.

내 문장 쓰기 _____ wish for _____.

여러분은 어떤 크리스마스를 바라나요? merry(즐거운), joyful(기쁜), peaceful(평화로운) 등의 형용사를 활용해 보세요.

01 크리스마스는 12월 25일이야.

'12월'은 December예요.

_____

크리스마스는 / ~이야 / 12월 25일

02 이날에는, 전 세계가 산타를 기다려.

'산타'는 첫 글자를 대문자로 써요.

_____

이날에는 / 전 세계가 / 기다려 / 산타를

03 집 안에 크리스마스 트리가 있어.

'~ 안에'는 전치사 in을 써요.

_____

~이 있어 / 크리스마스 트리 / 집 안에

04 집 밖에 크리스마스 축제가 있어.

'~ 밖에'는 outside를 써요.

_____

~이 있어 / 크리스마스 축제 / 집 밖에

05 사람들은 화이트 크리스마스를 바라.

'~를 바라다'는 wish for를 써요.

_____

사람들은 / ~를 바라 / 화이트 크리스마스

⚠ Error Check

STEP 1 의 글과 STEP 3 의 글을 비교해 보세요. 다른 부분이 있다면 메모해 보세요.

내 글쓰기가 고민된다면, STEP 2 패턴을 참고해서 단어 하나라도 바꿔 보세요~

Merry Christmas

Christmas is December 25th.

On this day, the whole world waits for Santa.

크리스마스 풍경을 떠올려요.

There is   크리스마스 용품 1   in the house.

There is   크리스마스 용품 2   outside the house.

People wish for   꿈꾸는 크리스마스   .

✓ Self Check

크리스마스를 설명하는 목적에 맞는 글을 썼나요?

크리스마스의 날짜, 집 안과 집 밖의 풍경 묘사가 포함되어 있나요?

철자, 문장 부호, 대소문자를 틀리지 않고 썼나요?

UNIT 16

- [ ] aunt
- [ ] Jeju Island
- [ ] g   여행을 가다
- [ ] w   겨울 방학
- [ ] time
- [ ] relative
- [ ] t   여행하다

UNIT 17

- [ ] New Year's Day
- [ ] Lunar New Year's Day
- [ ] c   축하하다
- [ ] tteokguk
- [ ] such as
- [ ] japchae
- [ ] meat
- [ ] r   받다
- [ ] m   돈

UNIT 18

- [ ] May
- [ ] Children's Day
- [ ] e   행사, 이벤트
- [ ] a   놀이동산

UNIT 18

- [ ] parents
- [ ] K   한국의
- [ ] look forward to

UNIT 19

- [ ] Parents' Day
- [ ] prepare
- [ ] f   꽃
- [ ] s   작은
- [ ] gift
- [ ] thank-you card
- [ ] decorate

UNIT 20

- [ ] December
- [ ] whole world
- [ ] w   기다리다
- [ ] S   산타
- [ ] Christmas tree
- [ ] festival
- [ ] outside
- [ ] w   바라다
- [ ] w   화이트 크리스마스

문장 SENTENCES 스트레칭

패턴 문장을 참고해 나의 문장을 써 봐요.

UNIT 16

대표 문장

1 My aunt's house is on Jeju Island.
2 I had a good time with my relatives.
3 We traveled to Jeju Island for three days.

변형 문장

1 My uncle's house is in Gwangju.
2 I had a good time with my grandparents.
3 We traveled to Gangwon-do for two days.

빈 공간에 한 번씩
따라 쓰면 좋아요!

나의 문장

1 _____

2 _____

3 _____

UNIT 17

대표 문장

1 My family celebrates Lunar New Year's Day.
2 I eat *tteokguk* on Lunar New Year's Day.
3 I receive New Year's money.

변형 문장

1 My family celebrates Chuseok.
2 I eat *songpyeon* on Chuseok.
3 I dress up in a *hanbok*.

빈 공간에 한 번씩
따라 쓰면 좋아요!

나의 문장

1 _____

2 _____

3 _____

대표 문장

1 May 5th is Children's Day.
2 Many children go to amusement parks.
3 People eat out at family restaurants.

변형 문장

1 May 8th is Parents' Day.
2 Many children go to swimming pools.
3 She eats out at a Korean restaurant.

빈 공간에 한 번씩
따라 쓰면 좋아요!

나의 문장

1 _____

2 _____

3 _____

대표 문장

1 Children prepare flowers and small gifts.
2 They make thank-you cards.
3 It is a happy day for parents.

변형 문장

1 Children prepare some food and cards.
2 They make fancy books.
3 It is an amazing day for parents.

빈 공간에 한 번씩
따라 쓰면 좋아요!

나의 문장

1 _____

2 _____

3 _____

UNIT 20

1 There is a Christmas tree in the house.
2 There is a Christmas festival outside the house.
3 People wish for a white Christmas.

변형 문장

1 There is a Christmas candle in the house.
2 There are colorful lights outside the house.
3 I wish for a holy Christmas.

빈 공간에 한 번씩
따라 쓰면 좋아요!

나의 문장

1 _____

2 _____

3 _____

메모 어려웠던 문장만 모아 다시 써 보세요.

_____

_____

_____

_____

_____

_____

Topic 4 Holiday

Title:

내 이야기를 자유롭게 적어 보세요. 글쓰기에는 정답이 없으니까요.

 스펠링과 문법 확인을 위해 네이버 사전, 파파고 앱이나
그래멀리 웹사이트(grammarly.com)를 이용할 수 있어요.

Topic 5
Season
계절

Unit 21

봄을 나타내는 데 필요한 표현 배우기

I Like Spring the Most.

나는 봄을 가장 좋아해.

01 I like spring the most.

02 Spring has a warm and soft wind.

03 Flowers bloom in spring, and trees grow new leaves.

04 We start a new semester.

05 Spring is a good time to start everything.

해석 및 정답 ▶ 154쪽

Quiz 위 내용과 일치하면 ○, 아니면 X에 표시하세요.

■ I like spring the most.	o	X
■ Flowers bloom in summer.	o	X

Words

spring 봄　　warm 따뜻한　　soft 부드러운　　wind 바람　　bloom (꽃 등이) 피다　　grow 자라다
new 새로운　　semester 학기　　start 시작하다

01 ★

I like spring the most.
나는 봄을 가장 좋아해.

예문 쓰기

She likes summer the most.
그녀는 여름을 가장 좋아해.

내 문장 쓰기

They like _____ the most.

I like ~ the most는 '나는 ~을 가장 좋아해'라는 뜻입니다. 여러분은 어떤 계절을 가장 좋아하나요? spring(봄), summer(여름), autumn/fall(가을), winter(겨울) 중 하나를 위 패턴에 넣어 표현해 보세요.

02 ★

Spring has a warm and soft wind.
봄은 따스하고 부드러운 바람이 있어.

예문 쓰기

Winter has a cold and dry wind.
겨울은 차갑고 건조한 바람이 있어.

내 문장 쓰기

_____ **has** _____.

계절마다 날씨에 맞는 warm(따뜻한), hot(더운), cool(시원한), cold(추운) 중 알맞은 형용사를 넣어 표현해 보세요.

03 ★

Flowers bloom in spring.
봄에는 꽃이 펴.

예문 쓰기

Plants grow well in spring.
봄에는 식물들이 잘 자라.

내 문장 쓰기

_____ in spring.

여러분이 봄에 대해 글을 쓴다면 어떻게 쓸 수 있을까요? It gets warmer(날씨가 따뜻해져), The snow melts(눈이 녹아) 등을 활용해 봄에 나타나는 현상들을 써 보세요.

117

01 나는 봄을 가장 좋아해.   '가장'은 the most로 써요.

_____

나는 / 좋아해 / 봄을 / 가장

02 봄은 따뜻하고 부드러운 바람이 있어.   주어가 3인칭 단수라면 have는 has로 써요.

_____

봄은 / 가지고 있어 / 따뜻하고 부드러운 / 바람

03 봄에는 꽃이 피고 나무들은 새잎이 자라.   '피다'는 동사 bloom을 써요.

_____

꽃은 / 피어 / 봄에 / 그리고 / 나무는 / 자라 / 새잎이

04 우리는 새 학기를 시작해.   '새 학기'는 new semester를 써요.

_____

우리는 / 시작해 / 새 학기를

05 봄은 모든 것을 시작하기에 좋은 시간이야.   '좋은 시간'은 good time을 써요.

_____

봄은 / ~이야 / 좋은 시간 / 시작하기에 / 모든 것을

⚠ Error Check

STEP 1 의 글과 STEP 3 의 글을 비교해 보세요. 다른 부분이 있다면 메모해 보세요.

I Like Spring

I like spring the most.

> 봄에 대한 느낌을
> 써 보세요.

Spring [봄의 특징 1] .

[봄의 특징 2] .

[봄에 하는 일] .

Spring is a good time [봄에 하기 좋은 일] .

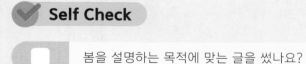

Self Check

☐ 봄을 설명하는 목적에 맞는 글을 썼나요?

☐ 봄의 특징, 봄에 일어나는 일이 포함되어 있나요?

☐ 철자, 문장 부호, 대소문자를 틀리지 않고 썼나요?

여름을 설명하는 데 필요한 표현 배우기

Summer Is the Hottest Season.

여름은 가장 더운 계절이야.

STEP 1 따라 쓰기 | 여름에 대해 읽으며 따라 쓰세요.

01 Summer is the hottest season of the year.

02 Farming is difficult due to the hot weather.

03 We should take good care of our health.

04 We should drink a lot of water

in summer.

05 Apply sunscreen and be careful

about outdoor activities.

해석 및 정답 ▶ 154쪽

Quiz 위 글을 읽고 여름과 관련된 단어에 ○하세요.

hot	flowers	sunscreen	new semester
cold	drink a lot of water	snow	warm

Words

hot 뜨거운, 더운   farming 농사   difficult 어려운   apply 바르다
sunscreen 선크림   ourdoor 집 밖의, 야외의

120

01 **Farming is difficult due to the hot weather.**
더운 날씨 때문에 농사가 힘들어.

예문
쓰기
Cooking is difficult **due to the hot weather.**
더운 날씨 때문에 요리하기가 힘들어.

내 문장
쓰기
_____ due to the hot weather.

🐕 **due to**는 이유를 덧붙일 때 쓸 수 있는 표현이에요. '~이 어렵다'는 **be difficult**를 쓸 수 있어요. **farming**(농사), **cooking**(요리하기), **sleeping**(잠자기)처럼 여름이라 하기 어려운 일을 떠올려 보세요.

02 **We should drink a lot of water in summer.**
여름에 우리는 물을 많이 마셔야 해.

예문
쓰기
We should wear sunglasses **in summer.**
여름에 우리는 선글라스를 써야 해.

내 문장
쓰기
We should _____ in summer.

🐕 조동사 **should**는 '~해야 한다'는 충고, 조언의 의미로 쓰여요. 여름에는 **drink a lot of water**(물을 많이 마시다), **wear sunglasses**(선글라스를 쓰다), **heat up food**(음식을 데워 먹다)와 같은 행동을 하는 것이 좋아요.

03 **Apply sunscreen and be careful about outdoor activities.**
선크림을 바르고 야외 활동에 주의해.

예문
쓰기
Wear a hat **and be careful about outdoor activities.**
모자를 쓰고 야외 활동에 주의해.

내 문장
쓰기
_____ and be careful about outdoor activities.

🐕 **apply sunscreen**(선크림을 바르다), **wear a hat**(모자를 쓰다), **play in the water**(물놀이하다), **warm up**(준비 운동을 하다) 등 여름에 우리가 주의해야 하는 활동들을 한번 써 봐요.

01 여름은 한 해의 가장 더운 계절이야.   최상급으로 표현해요.

_____

여름은 / ~이야 / 가장 더운 계절 / 한 해의

02 더운 날씨 때문에 농사가 힘들어.   '~ 때문에'는 due to를 써요.

_____

농사가 / 힘들어 / ~ 때문에 / 더운 날씨

03 우리는 건강을 잘 관리해야 해.   '~해야 한다'는 조동사 should를 써요.

_____

우리는 / ~해야 해 / 잘 관리하다 / 건강을

04 여름에 우리는 물을 많이 마셔야 해.   '마시다'는 drink를 써요.

_____

우리는 / 마셔야 해 / 많은 물을 / 여름에

05 선크림을 바르고 야외 활동에 주의해.   '선크림'은 sunscreen이고, '바르다'는 apply를 써요.

_____

발라 / 선크림을 / 그리고 / 주의해 / 야외 활동에

⚠ **Error Check**

STEP 1 의 글과 **STEP 3** 의 글을 비교해 보세요. 다른 부분이 있다면 메모해 보세요.

내 글쓰기가 고민된다면,
STEP 2 패턴을 참고해서
단어 하나라도 바꿔 보세요~

Summer Days

여름이 어떤
계절인지 써 보세요.

Summer is ___여름에 대한 느낌___ of the year.

___여름의 특징___ .

We should ___여름 대비법 1___ .

We should ___여름 대비법 2___ in summer.

___여름 대비법 3___ .

✔ Self Check

여름을 설명하는 목적에 맞는 글을 썼나요?

여름의 특징, 여름 대비법이 포함되어 있나요?

철자, 문장 부호, 대소문자를 틀리지 않고 썼나요?

Unit 23

가을을 설명하는 데 필요한 표현 배우기

Autumn Is a Colorful Season.

가을은 알록달록한 계절이야.

STEP 1 **따라 쓰기** | 가을에 대해 읽으며 따라 쓰세요.

01 Autumn is a colorful season.

02 Many people go to see autumn leaves.

03 Many people harvest pretty colored fruits.

04 A cool breeze begins to blow in autumn, and the sky is blue.

05 It is a good season to go on a picnic.

해석 및 정답 ▶ 155쪽

Quiz 위 글을 읽고 가을에 대해 알맞은 것을 모두 고르세요.

☐ Autumn is a colorful season.

☐ Many people harvest pretty colored fruits.

☐ It is a bad season to go on a picnic.

Words

autumn 가을   **colorful** 형형색색의, 알록달록한   **autumn leaves** 단풍   **harvest** 추수하다, 수확하다
pretty 예쁜   **fruit** 과일   **cool** 시원한   **breeze** 산들바람   **blow** 불다   **sky** 하늘

STEP 2 패턴 연습하기 | 활용하기 좋은 패턴을 익혀 보세요.

01 Autumn is a colorful season.

가을은 알록달록한 계절이야.

예문 쓰기 Autumn is a cool season.

가을은 시원한 계절이야.

내 문장 쓰기 Autumn is a ______________________ season.

가을은 어떤 느낌의 계절인가요? 단풍으로 알록달록하니 colorful(알록달록한), 날씨가 시원하니 cool(시원한), 아름다운 계절이라고 생각한다면 beautiful(아름다운) 등을 써서 다양하게 표현해 보세요.

02 Many people go to see autumn leaves.

많은 사람들이 단풍을 보러 가.

예문 쓰기 Many people harvest rice.

많은 사람들이 벼를 수확해.

내 문장 쓰기 Many people ____________________________.

가을에는 보통 단풍놀이를 많이 떠나지요. go camping(캠핑 가다)도 하고 harvest(과일/농작물 등을 수확하다)도 해요. 또 우리나라에는 Chuseok(추석), 외국에는 Halloween(핼러윈)이라는 축제가 있어요.

03 It is a good season to go on a picnic.

소풍 가기 좋은 계절이야.

예문 쓰기 It is a good season to have a party.

파티하기 좋은 계절이야.

내 문장 쓰기 It is a good season ____________________________.

여름엔 물놀이하기 좋은 것처럼 가을엔 어떤 활동을 하면 좋을지 생각해 보세요.

01 가을은 알록달록한 계절이야.
'알록달록한'은 colorful을 써요.

_____

가을은 / ~이야 / 알록달록한 계절

02 많은 사람들이 단풍을 보러 가.
'단풍'은 autumn leaves를 써요.

_____

많은 사람들이 / 가 / 보러 / 단풍을

03 많은 사람들이 예쁜 색깔의 과일들을 수확해.
'수확하다'는 harvest를 써요.

_____

많은 사람들이 / 수확해 / 예쁜 색깔의 과일들을

04 가을에는 시원한 바람이 불기 시작하고 하늘은 푸르러.
'시원한 바람'은 cool breeze라고 써요.

_____

시원한 바람이 / 불기 시작해 / 가을에는 / 그리고 / 하늘은 / ~이야 / 푸른

05 소풍 가기 좋은 계절이야.
'소풍 가다'는 go on a picnic을 써요.

_____

(가주어 it) / ~이야 / 좋은 계절 / 소풍 가기

⚠ Error Check

STEP 1 의 글과 STEP 3 의 글을 비교해 보세요. 다른 부분이 있다면 메모해 보세요.

내 글쓰기가 고민된다면, STEP 2 패턴을 참고해서 단어 하나라도 바꿔 보세요~

Exciting Autumn

가을이 어떤 계절인지 써 보세요.

Autumn is [가을에 대한 느낌] .

Many people [가을에 하는 활동 1] .

Many people [가을에 하는 활동 2] .

[가을에 일어나는 일 1] in autumn,

and [가을에 일어나는 일 2] .

It is a good season [가을에 하기 좋은 활동] .

✓ **Self Check**

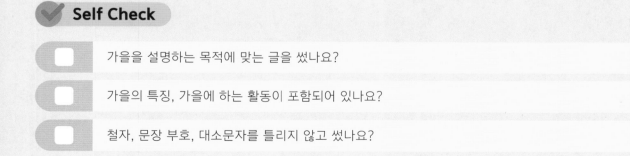

가을을 설명하는 목적에 맞는 글을 썼나요?

가을의 특징, 가을에 하는 활동이 포함되어 있나요?

철자, 문장 부호, 대소문자를 틀리지 않고 썼나요?

Unit 24

겨울을 설명하는 데 필요한 표현 배우기

Winter Is Cold.

겨울은 추워.

01 Winter is cold, but we can enjoy winter sports.

02 We can skate as a winter sport.

03 Skating is popular with my friends.

04 However, we have to be careful not to catch a cold.

05 Dress warmly and drink water often.

해석 및 정답 ▶ 155쪽

Quiz 위 글을 읽고 빈칸에 알맞은 단어를 써 보세요.

■ In winter, we can enjoy winter _____.

■ In winter, we have to be careful not to catch a _____.

Words

cold 추운, 감기   enjoy 즐기다   winter sports 겨울 스포츠   skate 스케이트를 타다
popular 인기 있는   however 그러나   catch a cold 감기에 걸리다   warmly 따뜻하게

01 Winter is cold, **but we can** enjoy winter sports.

겨울은 춥지만, 우리는 겨울 스포츠를 즐길 수 있어.

예문 쓰기

Summer is hot, **but we can** swim.

여름은 덥지만, 우리는 수영을 할 수 있어.

내 문장 쓰기

_____, but we can _____.

> but은 '그러나, 그런데'의 뜻을 가진 접속사로, 앞 문장과 뒤 문장이 반대되는 내용일 때 써요. 겨울이 비록 춥지만, 장점도 있지요? winter sports(겨울 스포츠)를 즐기거나 Winter Olympics(동계올림픽)를 볼 수도 있고, snow(눈)도 볼 수 있어요.

02 Skating **is popular with my friends.**

스케이팅은 내 친구들에게 인기 있어.

예문 쓰기

Snowboarding **is popular with my friends.**

스노보드 타기는 내 친구들에게 인기 있어.

내 문장 쓰기

_____ is popular with my friends.

> 겨울 스포츠 중에 여러분은 어떤 스포츠를 좋아하나요? 혹은 해 보고 싶은 스포츠가 있나요? skating(스케이팅), snowboarding(스노보드 타기), skiing(스키 타기), sledding(썰매 타기) 등을 넣어 써 보세요.

03 Dress warmly **and** drink water often.

옷을 따뜻하게 입고 물을 자주 마셔.

예문 쓰기

Wear your gloves **and** put on your boots.

장갑을 끼고 부츠를 신어.

내 문장 쓰기

_____ and _____.

> but은 앞뒤 내용이 반대될 때 쓴다고 했죠? 반면에 and는 앞뒤 내용이 연결되는 내용일 때 사용해요. '~하고 (그리고) ~하다'의 의미예요. 겨울에 우리가 해야 하는 일 두 가지를 연결해서 써 보세요.

01 겨울은 춥지만, 우리는 겨울 스포츠를 즐길 수 있어.

'그러나'는 but이에요.

_____

겨울은 / 추워 / 그러나 / 우리는 / 즐길 수 있어 / 겨울 스포츠를

02 우리는 겨울 스포츠로 스케이트를 탈 수 있어.

skate는 '스케이트를 타다'예요.

_____

우리는 / ~할 수 있어 / 스케이트를 타다 / 겨울 스포츠로

03 스케이팅은 내 친구들에게 인기 있어.

'인기 있는'은 popular를 써요.

_____

스케이팅은 / 인기 있어 / 내 친구들에게

04 그러나 우리는 감기에 걸리지 않도록 주의해야 해.

'감기에 걸리다'는 catch a cold를 써요.

_____

그러나 / 우리는 / 주의해야 해 / 감기에 걸리지 않도록

05 옷을 따뜻하게 입고 물을 자주 마셔.

'옷을 따뜻하게 입다'는 dress warmly라고 써요.

_____

옷을 입어 / 따뜻하게 / 그리고 / 물을 마셔 / 자주

⚠️ **Error Check**

STEP 1 의 글과 STEP 3 의 글을 비교해 보세요. 다른 부분이 있다면 메모해 보세요.

내 글쓰기가 고민된다면,
STEP 2 패턴을 참고해서
단어 하나라도 바꿔 보세요~

Winter Is Fun

겨울에 할 수 있는
활동을 써요

Winter is cold, but 겨울에 할 수 있는 일 .

We can 겨울 스포츠 as a winter sport.

인기 있는 겨울 스포츠 with my friends.

However, we have to 주의할 점 1 .

주의할 점 2 and

.

✓ Self Check

- 겨울을 설명하는 목적에 맞는 글을 썼나요?

- 겨울에 즐기는 스포츠, 겨울에 하는 활동이 포함되어 있나요?

- 철자, 문장 부호, 대소문자를 틀리지 않고 썼나요?

Unit 25

We Must Protect the Earth.

우리는 지구를 보호해야 해.

STEP 1 **따라 쓰기** | 환경 문제에 대해 읽으며 따라 쓰세요.

01 The news these days often talks about climate change.

02 Climate change is more serious than I thought.

03 We should reduce waste.

04 We should cut back on riding in cars.

05 Let's protect the Earth together.

해석 및 정답 ▶ 156쪽

Quiz 위 내용과 일치하면 ○, 아니면 X에 표시하세요.

■ We don't have to protect the Earth.　　o　　X

■ Climate change is a serious problem.　　o　　X

Words

news 뉴스, 소식　　**climate change** 기후 변화　　**serious** 심각한　　**thought** (think의 과거형) 생각했다
reduce 줄이다　　**waste** 쓰레기　　**protect** 보호하다

01 **Climate change** is more serious than I thought.

기후 변화는 생각했던 것보다 더 심각해.

예문
쓰기 Air pollution **is more serious than I thought.**

대기 오염은 생각했던 것보다 더 심각해.

내 문장
쓰기 _____ is more serious than I thought.

'생각했던 것보다 더 ~하다'라는 표현은 '비교급+than I thought'라고 써요. 지구에 안 좋은 영향을 끼치는 것이 무엇인지 떠올려 보세요. '오염'은 pollution이고, '대기 오염'은 air pollution, '수질 오염'은 water pollution이라고 해요.

02 **We should** reduce waste.

우리는 쓰레기를 줄여야 해.

예문
쓰기 **We should** do our homework.

우리는 숙제를 해야 해.

내 문장
쓰기 We should _____.

꼭 해야 할 일은 조동사 should를 써서 표현해요. 매일매일 해야 하는 study(공부하다)나 do one's homework(숙제하다)도 있고요, follow the rules(규칙을 지키다)나 save energy(에너지를 절약하다)도 있지요.

03 **Let's** protect the Earth **together.**

함께 지구를 보호하자.

예문
쓰기 **Let's** recycle plastics **together.**

함께 플라스틱을 재활용하자.

내 문장
쓰기 Let's _____ together.

Let's ~는 '~하자'라는 청유문으로, 보통 같이 하는 일이니 together(함께)를 같이 써요. 지구를 보호하는 행동으로는 recycle(재활용하다), save energy/water(에너지/물을 절약하다), pick up trash(쓰레기를 줍다) 등이 있어요.

01 뉴스는 요즘 자주 기후 변화에 대해 이야기해.

'기후 변화'는 climate change라고 써요.

_____

뉴스는 / 요즘 / 자주 / 이야기해 / 기후 변화에 대해

02 기후 변화는 생각했던 것보다 더 심각해.

'생각했던 것보다'는 than I thought예요.

_____

기후 변화는 / ~이야 / 더 심각한 / 생각했던 것보다

03 우리는 쓰레기를 줄여야 해.

'줄이다'는 reduce를 써요.

_____

우리는 / ~해야 해 / 줄이다 / 쓰레기를

04 우리는 차를 타는 것을 줄여야 해.

'줄이다'는 cut back on이라고도 해요.

_____

우리는 / ~해야 해 / 줄이다 / 차를 타는 것을

05 함께 지구를 보호하자.

'지구'는 Earth로 첫 글자를 대문자로 써요.

_____

~하자 / 보호하다 / 지구를 / 함께

⚠ Error Check

STEP 1 의 글과 STEP 3 의 글을 비교해 보세요. 다른 부분이 있다면 메모해 보세요.

내 글쓰기가 고민된다면,
STEP 2 패턴을 참고해서
단어 하나라도 바꿔 보세요~

We Have to Save the Earth

The news these days often talks about

요즘 환경 문제가
무엇인지 쓰세요.

환경 문제

.

환경 문제   is more serious

than I thought.

We should   해야 할 일 1

.

We should   해야 할 일 2

.

Let's   함께 할 일   together.

✓ Self Check

환경 문제 설명이라는 목적에 맞는 글을 썼나요?

지구 환경의 문제점과 대처 방법이 포함되어 있나요?

철자, 문장 부호, 대소문자를 틀리지 않고 썼나요?

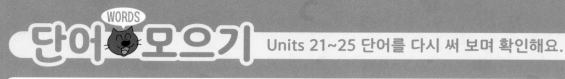
UNIT 21

- spring
- warm
- s ___ 부드러운
- w ___ 바람
- bloom
- grow
- n ___ 새로운
- s ___ 학기
- start

UNIT 22

- hot
- farming
- d ___ 어려운
- apply
- sunscreen
- outdoor

UNIT 23

- a ___ 가을
- colorful
- a ___ 단풍
- harvest
- p ___ 예쁜

UNIT 23

- f ___ 과일
- cool
- breeze
- b ___ 불다
- sky

UNIT 24

- cold
- e ___ 즐기다
- winter sports
- skate
- p ___ 인기 있는
- h ___ 그러나
- catch a cold
- warmly

UNIT 25

- n ___ 뉴스, 소식
- climate change
- serious
- t ___ 생각했다
- reduce
- waste
- p ___ 보호하다

문장 SENTENCES 스트레칭 패턴 문장을 참고해 나의 문장을 써 봐요.

UNIT 21

대표 문장

1 I like spring the most.
2 Spring has a warm and soft wind.
3 Flowers bloom in spring.

변형 문장

1 She likes summer the most.
2 Winter has a cold and dry wind.
3 Plants grow well in spring.

빈 공간에 한 번씩
따라 쓰면 좋아요!

나의 문장

1

2

3

UNIT 22

대표 문장

1 Farming is difficult due to the hot weather.
2 We should drink a lot water in summer.
3 Apply sunscreen and be careful about outdoor activities.

변형 문장

1 Cooking is difficult due to the hot weather.
2 We should wear sunglasses in summer.
3 Wear a hat and be careful about outdoor activities.

빈 공간에 한 번씩
따라 쓰면 좋아요!

나의 문장

1

2

3

대표 문장

1 Autumn is a colorful season.
2 Many people go to see autumn leaves.
3 It is a good season to go on a picnic.

변형 문장

1 Autumn is a cool season.
2 Many people harvest rice.
3 It is a good season to have a party.

빈 공간에 한 번씩
따라 쓰면 좋아요!

나의 문장

1 _____

2 _____

3 _____

대표 문장

1 Winter is cold, but we can enjoy winter sports.
2 Skating is popular with my friends.
3 Dress warmly and drink water often.

변형 문장

1 Summer is hot, but we can swim.
2 Snowboarding is popular with my friends.
3 Wear your gloves and put on your boots.

빈 공간에 한 번씩
따라 쓰면 좋아요!

나의 문장

1 _____

2 _____

3 _____

UNIT 25

1 Climate change is more serious than I thought.
2 We should reduce waste.
3 Let's protect the Earth together.

변형 문장

1 Air pollution is more serious than I thought.
2 We should do our homework.
3 Let's recycle plastics together.

빈 공간에 한 번씩
따라 쓰면 좋아요!

나의 문장

1 _____

2 _____

3 _____

메모 | 어려웠던 문장만 모아 다시 써 보세요.

_____

_____

_____

_____

_____

_____

Season

Title:

내 이야기를
자유롭게 적어
보세요. 글쓰기에는
정답이 없으니까요.

 스펠링과 문법 확인을 위해 네이버 사전, 파파고 앱이나
그래멀리 웹사이트(grammarly.com)를 이용할 수 있어요.

바빠 초등 하루 5문장 영어 글쓰기 ②

정답 및 해석

① 참고용 예시 답안은 정답이 아니에요. 내가 쓴 글과 비교해 보세요.

② 내가 만든 문장의 스펠링과 문법을 네이버 사전, 파파고 앱이나 grammarly.com을 통해서 확인해 보세요.

틀린 문제를 확인하는 습관을 들이면 공부 실력을 키울 수 있어요!

Unit 01 | **I Like Bacon Pizza.**

STEP 1 해석

01 나는 베이컨 피자를 좋아해.
02 피자 중에서, 베이컨 피자가 내가 가장 좋아하는 거야.
03 내 여동생은 파스타를 좋아해.
04 파스타 중에서, 봉골레 파스타가 그녀가 가장 좋아하는 거야.
05 우와! 엄마는 저녁으로 베이컨 피자와 봉골레 파스타를 요리해.

Quiz (bacon) pizza, (vongole) pasta, (bacon) pizza and (vongole) pasta

STEP 2 내 문장 쓰기 예시 답안

01 I like shrimp sandwiches.
나는 새우 샌드위치를 좋아해.
02 Among noodles, ramyeon is my favorite.
면 (요리) 중에서, 라면이 내가 가장 좋아하는 거야.
03 Mom cooks an egg sandwich for lunch.
엄마는 점심으로 계란 샌드위치를 요리해.

STEP 3 정답

01 I like bacon pizza.
02 Among pizzas, bacon pizza is my favorite.
03 My sister likes pasta.
04 Among pastas, vongole pasta is her favorite.
05 Wow! Mom cooks bacon pizza and vongole pasta for dinner.

STEP 4 내 글쓰기 예시 답안

Favorite Food
I like curry.
Among curry, chicken curry is my favorite.
My brother likes soup.
Among soup, pumpkin soup is his favorite.
Wow! Mom cooks chicken curry and pumpkin soup for lunch.

가장 좋아하는 음식
나는 카레를 좋아해.
카레 중에서, 치킨 카레가 내가 가장 좋아하는 거야.
내 남동생은 수프를 좋아해.
수프 중에서, 호박 수프가 그가 가장 좋아하는 거야.
우와! 엄마는 점심으로 치킨 카레와 호박 수프를 요리해.

 Unit 02 | **I Don't Like Spicy Food.**

STEP 1 해석

01 나는 매운 음식을 좋아하지 않아.
02 그래서 나는 김치가 들어간 음식은 못 먹어.
03 김치찌개는 먹기 힘들어.
04 만약 달콤한 김치가 있다면, 나는 그걸 먹어보고 싶어.
05 그것은 맛이 좋지.

Quiz X, O

STEP 2 내 문장 쓰기 예시 답안

01 I don't like sweet food.
나는 단 음식을 좋아하지 않아.
02 I can't eat food with milk.
나는 우유가 들어간 음식은 못 먹어.
03 Tofu is hard to eat.
두부는 먹기 힘들어.

STEP 3 정답

01 I don't like spicy food.
02 So I can't eat food with kimchi.
03 *Kimchijjigae* is hard to eat.
04 If there is sweet kimchi, I want to try it.
05 It tastes good.

STEP 4 내 글쓰기 예시 답안

My Least Favorite Food
I don't like greasy food.
So I can't eat food with cheese.
Cheesecake is hard to eat.
If there is fresh cheese, I want to try it.
It tastes great.

내가 가장 안 좋아하는 음식
나는 느끼한 음식을 좋아하지 않아.
그래서 나는 치즈가 들어간 음식을 못 먹어.
치즈케이크는 먹기 힘들어.
만약 깔끔한 치즈가 있다면, 나는 그걸 먹어보고 싶어.
그것은 맛이 뛰어나지.

Unit 03 | I'll Tell You My Secret Recipe.

STEP 1 해석

01 내가 내 비밀 요리법을 네게 말해 줄게.
02 첫 번째, 그릇에 쿠키를 부셔.
03 두 번째, 초콜릿 시럽 한 컵을 추가해.
04 세 번째, 젤리를 맨 꼭대기에 놓아.
05 이 음식은 바삭한 캔디야.
Quiz 3, 1, 2

STEP 2 내 문장 쓰기 예시 답안

01 I'll tell you my special skill.
내가 내 특별한 기술을 네게 말해 줄게.
02 Mix the eggs.
계란을 섞어.
03 Add a piece of butter.
버터 한 조각을 추가해.

STEP 3 정답

01 I'll tell you my secret recipe.
02 First, break some cookies into a bowl.
03 Second, add a cup of chocolate syrup.
04 Third, put some jelly on top.
05 The dish is Crispy Candy.

STEP 4 내 글쓰기 예시 답안

My Secret Recipe
I'll tell you a super recipe.
First, mash some eggs in a bowl.
Second, add a cup of sugar.
Third, add some strawberry jam.
The dish is Strawberry Egg.

나의 비밀 요리법
내가 최고의 요리법을 네게 말해 줄게.
첫 번째, 그릇에 계란 몇 개를 으깨.
두 번째, 설탕 한 컵을 추가해.
세 번째, 딸기잼을 추가해.
이 음식은 딸기 달걀이야.

Unit 04 | We Ate Out.

STEP 1 해석

01 우리 가족은 오늘 외식했어.
02 왜냐하면 오늘이 우리 할머니의 생신이기 때문이야.
03 그녀가 한식을 좋아하셔서, 우리는 한식당에 갔어.
04 10가지가 넘는 반찬이 있었어.
05 나는 거기에 다시 가기를 원해.
Quiz grandma's birthday, Korean restaurant, more than 10 kinds of side dishes

STEP 2 내 문장 쓰기 예시 답안

01 My family ate out yesterday.
우리 가족은 어제 외식했어.
02 We went to a Vietnamese restaurant.
우리는 베트남 식당에 갔어.
03 There were many kinds of noodles.
많은 종류의 국수가 있었어.

STEP 3 정답

01 My family ate out today.
02 Because today is my grandma's birthday.
03 She likes Korean food, so we went to a Korean restaurant.
04 There were more than 10 kinds of side dishes.
05 I want to go there again.

STEP 4 내 글쓰기 예시 답안

We Ate Out
My family ate out today.
Because today is my younger sister's birthday.
She likes Chinese food, so we went to a Chinese restaurant.
There were many kinds of dishes.
I want to go there again.

우리는 외식을 했어
우리 가족은 오늘 외식을 했어.
왜냐하면 오늘이 내 여동생의 생일이기 때문이야.
그녀가 중국 음식을 좋아해서, 우리는 중식당에 갔어.
많은 음식이 있었어.
나는 거기에 다시 가기를 원해.

Unit 05 | **I Check the Lunch Menu.**

STEP 1 해석

01 나는 매일 아침에 점심 메뉴를 확인해.
02 오늘의 메뉴는 생선과 계란국이야.
03 그것은 끔찍한 메뉴야.
04 하지만 나는 음식을 남겨선 안 돼.
05 나는 내일 더 맛있는 음식들이 나오기를 바라.

Quiz X, O

STEP 2 내 문장 쓰기 예시

01 I check the weather every morning.
나는 매일 아침에 날씨를 확인해.
02 It's a new menu.
그것은 새로운 메뉴야.
03 I must not eat too fast.
나는 너무 빨리 먹어선 안 돼.

STEP 3 정답

01 I check the lunch menu every morning.
02 Today's menu is fish and egg soup.
03 It's a horrible menu.
04 But I must not leave my food.
05 I hope there are more delicious foods to eat tomorrow.

STEP 4 글쓰기 예시 & 해석

Lunch at School
I check the lunch menu every morning.
Today's menu is pork cutlet and orange salad.
It's a wonderful menu.
But I must not eat too fast.
I hope there is a lot of time to eat tomorrow.

학교에서 점심
나는 매일 아침 점심 메뉴를 확인해.
오늘의 메뉴는 돈가스와 오렌지 샐러드야.
그것은 환상적인 메뉴야.
그러나 나는 너무 빠르게 먹어선 안 돼.
나는 내일 먹기 충분한 시간이 있기를 바라.

단어 WORDS 모으기

Unit 01

bacon	베이컨	vongole	봉골레
among	~ 중에서	pasta	파스타
favorite	가장 좋아하는	dinner	저녁 식사

Unit 02

spicy	매운	if	만약
kimchi	김치	sweet	달콤한
kimchijjigae	김치찌개	try	시도하다
hard	어려운, 힘든	taste	~한 맛이 나다

Unit 03

tell	말하다	add	추가하다
secret	비밀	chocolate	초콜릿
recipe	레시피, 요리법	syrup	시럽
break	깨다, 부수다	jelly	젤리
bowl	그릇	crispy	바삭한

Unit 04

eat out	외식하다	more than	~보다 많이, ~ 이상의
grandma	할머니	kind	종류
Korean food	한식	side dish	반찬
restaurant	식당	again	한번 더, 다시

Unit 05

check	확인하다	horrible	끔찍한
menu	메뉴	must not	~해서는 안 된다
fish	생선	leave	남기다
egg soup	계란국		

Unit 06   I Am an Outgoing Person.

STEP 1 해석

01 나는 활달한 사람이야.
02 나는 내 주변에 많은 친구들이 있어.
03 나는 많은 사람들 앞에서 발표하는 것을 잘해.
04 나는 항상 에너지가 가득 차 있어.
05 나는 모든 것에 긍정적이야.

Quiz outgoing, full of energy, positive

STEP 2 내 문장 쓰기 예시 답안

01 I am a talkative person.
    나는 말이 많은 사람이야.
02 I'm good at making friends.
    나는 친구 만드는 걸 잘해.
03 She's serious about everything.
    그녀는 모든 것에 심각해.

STEP 3 정답

01 I am an outgoing person.
02 I have a lot of friends around me.
03 I'm good at giving presentations in front
    of many people.
04 I'm always full of energy.
05 I'm positive about everything.

STEP 4 내 글쓰기 예시 답안

My Character
I am an easygoing person.
I act slowly and nicely.
I'm good at being nice to my friends.
I'm always smiling.
I'm positive for everyone.

나의 성격
나는 느긋한 사람이야.
나는 느리고 친절하게 행동해.
나는 내 친구들에게 상냥하게 행동하는 걸 잘해.
나는 항상 미소를 지어.
나는 모두에게 긍정적이야.

Unit 07   Semi Is a Quiet Person.

STEP 1 해석

01 세미는 조용한 사람이야.
02 그녀는 말을 많이 하지 않아.
03 그러나 그녀는 열심히 하는 학생이야.
04 그녀는 또한 매우 인내심이 있어.
05 나는 그녀와 친구라서 기뻐.

Quiz talk, patient

STEP 2 내 문장 쓰기 예시 답안

01 Susan is a kind person.
    수잔은 친절한 사람이야.
02 She doesn't like to give a presentation.
    그녀는 발표하는 걸 좋아하지 않아.
03 I am glad because I'm friends with him.
    나는 내가 그와 친구라서 기뻐.

STEP 3 정답

01 Semi is a quiet person.
02 She doesn't talk much.
03 But she is a hardworking student.
04 She is also very patient.
05 I am glad because I'm friends with her.

STEP 4 내 글쓰기 예시 답안

My Friend's Personality
David is a funny person.
He doesn't like serious things.
But he is very polite.
He is also very kind to his friends.
I am glad because I'm friends with him.

내 친구의 성격
데이비드는 재미있는 사람이야.
그는 심각한 것을 좋아하지 않아.
그러나 그는 아주 예의 바라.
그는 또한 그의 친구들에게 아주 친절해.
나는 내가 그와 친구라서 기뻐.

Unit 08 | Dodo Is a Female Poodle.

 Unit 09 | He Is a Troublemaker.

STEP 1 해석

01 나는 반려견, 도도를 키워.
02 도도는 암컷 푸들이야.
03 푸들은 다른 개들보다 더 순해.
04 푸들은 또한 잘 배워.
05 그래서 그녀는 매우 잘 훈련되어 있어.

Quiz Dodo, poodle, nice

STEP 2 내 문장 쓰기 예시 답안

01 Coco is a male cat.
코코는 수컷 고양이야.
02 Parrots are louder than other birds.
앵무새는 다른 새보다 더 시끄러워.
03 She is very well toilet trained.
그녀는 배변 훈련이 매우 잘되어 있어.

STEP 3 정답

01 I have a pet dog, Dodo.
02 Dodo is a female poodle.
03 Poodles are nicer than other dogs.
04 Poodles can also learn well.
05 So she is very well trained.

STEP 4 내 글쓰기 예시 답안

My Pet
I have a pet cat, Coco.
Coco is a male Persian cat.
Persian cats are quieter than other cats.
Persian cats can also learn well.
So he is very well trained.

내 반려동물
나는 반려 고양이, 코코를 키워.
코코는 수컷 페르시안 고양이야.
페르시안 고양이는 다른 고양이들보다 더 조용해.
페르시안 고양이는 또한 잘 배워.
그래서 그는 매우 잘 훈련되어 있어.

STEP 1 해석

01 그레이스는 내가 제일 좋아하는 영화 속 주인공이야.
02 그녀는 모범생이야.
03 그녀의 가장 친한 친구인 맥스는 모범생이 아니야.
04 그는 말썽꾸러기야.
05 그러나 나는 맥스가 그렇게 나쁜 소년이라고는 생각 안 해.

Quiz X, O

STEP 2 내 문장 쓰기 예시 답안

01 Amy is the main character in my favorite movie.
에이미는 내가 제일 좋아하는 영화 속 주인공이야.
02 You are a model student.
너는 모범생이야.
03 I don't think David is such a good boy.
나는 데이비드가 그렇게 좋은 소년이라고는 생각 안 해.

STEP 3 정답

01 Grace is the main character in my favorite movie.
02 She is a model student.
03 Her best friend, Max, is not a model student.
04 He is a troublemaker.
05 But I don't think Max is such a bad boy.

STEP 4 내 글쓰기 예시 답안

Characters
Fred is a supporting character in my favorite book.
He is a nice guy.
His best friend, Ted, is not a nice guy.
He is an angry man.
But I don't think Ted is such a bad guy.

등장인물들
프레드는 내가 가장 좋아하는 책에서 조연이야.
그는 좋은 사람이야.
그의 가장 친한 친구인 테드는 좋은 사람이 아니야.
그는 화가 난 남자야.
그러나 나는 테드가 그렇게 나쁜 사람이라고는 생각 안 해.

Unit 10　My Role Model Is Jordan.

STEP 1　해석

01 내 롤 모델은 마이클 조던이야.
02 그는 매우 훌륭한 농구 선수야.
03 그는 매우 열정적인 사람이야.
04 그는 리더십 능력을 가지고 있어.
05 나는 그처럼 훌륭한 농구선수가 되기를 원해.

Quiz basketball player, leadership, passionate

STEP 2　내 문장 쓰기 예시 답안

01 My role model is Michelle Obama.
　내 롤 모델은 미셸 오바마야.
02 He is a very good scientist.
　그는 매우 훌륭한 과학자야.
03 He has a sense of humor.
　그는 유머 감각이 있어.

STEP 3　정답

01 My role model is Michael Jordan.
02 He is a very good basketball player.
03 He is a very passionate man.
04 He has leadership skills.
05 I want to be a great basketball player like him.

STEP 4　내 글쓰기 예시 답안

My Role Model
My role model is Michelle Obama.
She was a great first lady.
She is a very considerate woman.
She has a strong mind.
I want to be a great lady like her.

나의 롤 모델
내 롤 모델은 미셸 오바마야.
그녀는 위대한 영부인이었어.
그녀는 아주 사려 깊은 여성이야.
그녀는 의지가 강해.
나는 그녀처럼 훌륭한 여성이 되기를 원해.

단어 모으기

Unit 06

outgoing	활달한	give a presentation	발표하다
person	사람	in front of	~ 앞에
a lot of	많은	full of energy	에너지가 가득 찬
around	~ 주변에	positive	긍정적인
be good at	~을 잘하다		

Unit 07

quiet	조용한	patient	인내심이 있는, 참을성이 있는
talk	말하다	glad	기쁜
much	많이	because	왜냐하면
hardworking	근면한, 열심히 하는	be friends with	~와 친구로 지내다
student	학생		

Unit 08

pet	반려동물	than	~보다
female	여성, 암컷	learn	배우다
poodle	푸들	well trained	잘 훈련된
other	다른		

Unit 09

main character	주인공	such	그런
movie	영화	bad	나쁜
model student	모범생	boy	소년
trouble-maker	말썽꾸러기		

Unit 10

role model	롤 모델, 모범이 되는 사람	leadership	리더십
basketball player	농구 선수	skill	기술, 능력
passionate	열정적인	like	~처럼
man	사람		

Unit 11　I Live a Regular Life.

STEP 1　해석

01　나는 매일 규칙적인 일상생활을 해.
02　나는 규칙적으로 식사해.
03　나는 매일 한 시간 동안 운동해.
04　나는 하루에 30분 이상 유튜브를 보지 않아.
05　나는 건강한 생활 방식을 가지고 있어.

Quiz O, X

STEP 2　내 문장 쓰기 예시 답안

01　They study regularly.
　　그들은 규칙적으로 공부해.
02　She exercises for 30 minutes every day.
　　그녀는 매일 30분 동안 운동해.
03　I don't play games for more than 1 hour a day.
　　나는 하루에 1시간 이상 게임을 하지 않아.

STEP 3　정답

01　I live a regular life every day.
02　I eat regularly.
03　I exercise for an hour every day.
04　I don't watch YouTube for more than 30 minutes a day.
05　I have a healthy lifestyle.

STEP 4　내 글쓰기 예시 답안

My Regular Life
I live a regular life every day.
I wake up regularly.
I study for two hours every day.
I don't play games for more than 1 hour a day.
I have a healthy lifestyle.

나의 규칙적인 일상생활
나는 매일 규칙적인 일상생활을 해.
나는 규칙적으로 일어나.
나는 매일 두 시간 동안 공부해.
나는 하루에 1시간 이상 게임을 하지 않아.
나는 건강한 생활 방식을 가지고 있어.

Unit 12　Swimming Is a Healthy Activity.

STEP 1　해석

01　나는 수영을 잘해.
02　수영은 건강한 활동이야.
03　그것은 나의 팔과 다리를 튼튼하게 만들어.
04　그것은 나를 물과 친해지게 해 줘.
05　그것은 다양한 여름 스포츠에 도움이 돼.

Quiz ■, ■, □

STEP 2　내 문장 쓰기 예시 답안

01　I am good at playing soccer.
　　나는 축구를 잘해.
02　It makes me get close to snow.
　　그것은 나를 눈과 친해지게 해 줘.
03　It is helpful for various indoor sports.
　　그것은 다양한 실내 스포츠에 도움이 돼.

STEP 3　정답

01　I am good at swimming.
02　Swimming is a healthy activity.
03　It makes my arms and legs strong.
04　It makes me get close to water.
05　It is helpful for various summer sports.

STEP 4　내 글쓰기 예시 답안

Healthy Sports
I am good at skiing.
Skiing is a healthy activity.
It makes my lower body muscles strong.
It makes me get close to snow.
It is helpful for various winter sports.

건강한 스포츠
나는 스키를 잘 타.
스키는 건강한 활동이야.
그것은 나의 하체 근육을 튼튼하게 만들어.
그것은 나를 눈과 친해지게 해 줘.
그것은 다양한 겨울 스포츠에 도움이 돼.

He Has a Lot of Bad Teeth.

STEP 1 해석

01 내 남동생은 단것을 좋아해.
02 그래서 그는 충치가 많아.
03 치과 의사가 "하루에 세 번 양치하렴." 하고 말씀하셔.
04 그녀는 또한 젤리와 사탕을 줄이라고 말씀하셔.
05 남동생과 나는 그것들을 줄이기로 결심했어.

Quiz □, ■, ■

STEP 2 내 문장 쓰기 예시 답안

01 The teacher says, "Do your homework."
선생님이 "숙제를 하렴." 하고 말씀하셔.
02 Cut down on meat and salt.
고기와 소금을 줄여라.
03 They decided to cut down on them.
그들은 그것들을 줄이기로 결심했어.

STEP 3 정답

01 My brother likes sweets.
02 So he has a lot of bad teeth.
03 The dentist says, "Brush your teeth three times a day."
04 She also says to cut down on jelly and candy.
05 My brother and I decided to cut down on them.

STEP 4 내 글쓰기 예시 답안

Bad Health Habits
My sister likes watching YouTube.
So she has bad eyesight.
The doctor says, "You need to wear glasses."
She also says to cut down on watching TV.
My sister and I decided to cut down on it.

나쁜 건강 습관들
내 여동생은 유튜브 보는 것을 좋아해.
그래서 그녀는 시력이 나빠.
의사 선생님이 "너는 안경을 쓸 필요가 있어." 하고 말씀하셔.
그녀는 또한 TV 보는 것을 줄이라고 말씀하셔.
내 여동생과 나는 그것을 줄이기로 결심했어.

Unit 14 **I Used to Eat Junk Food.**

STEP 1 해석

01 건강한 식습관은 항상 필요해.
02 나쁜 식습관은 나를 살찌게 만들어.
03 나는 정크 푸드를 먹곤 했어.
04 그러나 지금 나는 채소를 좀 더 먹으려고 노력해.
05 나는 매일 규칙적으로 먹고, 자고, 그리고 운동해.

Quiz eat, sleep, exercise

STEP 2 내 문장 쓰기 예시 답안

01 Bad eating habits make me lose weight.
나쁜 식습관은 나를 살 빠지게 만들어.
02 I used to eat sweets.
나는 단것을 먹곤 했어.
03 I try to eat more fresh fruits.
나는 신선한 과일을 좀 더 먹으려고 노력해.

STEP 3 정답

01 Healthy eating habits are always necessary.
02 Bad eating habits make me gain weight.
03 I used to eat junk food.
04 But now I try to eat more vegetables.
05 I eat, sleep, and exercise regularly every day.

STEP 4 내 글쓰기 예시 답안

My Eating Habits
Healthy eating habits are always important.
Bad eating habits make me sick.
I used to eat greasy food.
But now I try to eat more fresh food.
I eat, sleep, and exercise regularly every day.

나의 식습관
건강 식습관은 항상 중요해.
나쁜 식습관은 나를 아프게 만들어.
나는 느끼한 음식을 먹곤 했어.
그러나 지금 나는 신선한 음식을 좀 더 먹으려고 노력해.
나는 매일 규칙적으로 먹고, 자고, 그리고 운동해.

Unit 15   I Should Be Careful.

STEP 1   해석

01 나는 어제 자전거를 타다가 넘어졌어.
02 나는 안전모와 무릎 보호대를 하지 않았어.
03 그래서 나는 다리가 부러졌어.
04 나는 병원에서 깁스를 하고 치료받았어.
05 나는 다음번에 주의해야만 해.

Quiz X, O

STEP 2   내 문장 쓰기 예시

01 I fell while playing soccer yesterday.
나는 어제 축구를 하다가 넘어졌어.
02 I broke my nose.
나는 코가 깨졌어.
03 I got a shot and was treated at the hospital.
나는 병원에서 주사를 맞고 치료받았어.

STEP 3   정답

01 I fell while riding my bicycle yesterday.
02 I didn't wear a helmet and kneepads.
03 So I broke my leg.
04 I got a cast and was treated at the hospital.
05 I should be careful the next time.

STEP 4   글쓰기 예시 & 해석

Be Careful
I fell while skating yesterday.
I didn't wear gloves and wristpads.
So I broke my wrist.
I got a cast and got a shot at the hospital.
I should be careful the next time.

조심해
나는 어제 스케이트를 타다가 넘어졌어.
나는 장갑과 손목 보호대를 하지 않았어.
그래서 나는 손목이 부러졌어.
나는 병원에서 깁스를 하고 주사를 맞았어.
나는 다음번에 주의해야만 해.

단어 모으기

Unit 11

live	살다	watch	보다, 시청하다
regular	규칙적인	minute	분
regularly	규칙적으로	healthy	건강한
exercise	운동하다	lifestyle	생활 방식
hour	시간		

Unit 12

swimming	수영	close	가까운, 친근한
arm	팔	helpful	도움이 되는
leg	다리	various	다양한
strong	튼튼한, 강한	summer	여름

Unit 13

sweets	단것	jelly	젤리
bad tooth	충치	candy	사탕
dentist	치과 의사	decide	결심하다
cut down on	줄이다		

Unit 14

eating habit	식습관	used to	~하곤 했다
necessary	필요한	junk food	정크 푸드
gain	얻다, 늘어나다	try to	~하려고 노력하다
weight	몸무게	vegetable	채소

Unit 15

fell	넘어졌다	broke one's leg	다리가 부러졌다
yesterday	어제	cast	깁스
helmet	헬멧	treat	치료하다
kneepad	무릎 보호대	careful	조심하는

Unit 16 My Family Went on a Trip.

STEP 1 해석

01 우리 이모네는 제주도에 있어.
02 우리 가족은 이번 겨울 방학에 제주도로 여행을 갔어.
03 나는 친척들과 좋은 시간을 보냈어.
04 우리는 3일 동안 제주도를 여행했어.
05 나는 가족과 함께 있었기 때문에 행복했어.

Quiz Jeju Island, three days

STEP 2 내 문장 쓰기 예시 답안

01 My grandparents' house is in Seoul.
우리 할아버지 댁은 서울에 있어.
02 I had a good time with my friends.
나는 친구들과 좋은 시간을 보냈어.
03 We traveled to Busan for a week.
우리는 일주일 동안 부산을 여행했어.

STEP 3 정답

01 My aunt's house is on Jeju Island.
02 My family went on a trip to Jeju Island this winter vacation.
03 I had a good time with my relatives.
04 We traveled to Jeju Island for three days.
05 I was happy because I was with my family.

STEP 4 내 글쓰기 예시 답안

Go on a Trip
My uncle's house is in Busan.
My family went on a trip to Busan this summer vacation.
I had a good time with my cousins.
We traveled to Busan for a week.
I was happy because I was with my family.

여행 가기
우리 삼촌네는 부산에 있어.
우리 가족은 이번 여름 방학에 부산으로 여행을 갔어.
나는 사촌들과 좋은 시간을 보냈어.
우리는 일주일 동안 부산을 여행했어.
나는 가족과 함께 있었기 때문에 행복했어.

Unit 17 There Is Lunar New Year's Day.

STEP 1 해석

01 한국에는 양력설과 음력설이 있어.
02 우리 가족은 음력설을 지내.
03 우리는 음력설에 떡국을 먹어.
04 떡국, 잡채, 그리고 고기 같은 많은 음식들이 있어.
05 나는 또한 세뱃돈을 받아.

Quiz ■, ■, □

STEP 2 내 문장 쓰기 예시 답안

01 My family celebrates New Year's Day.
우리 가족은 새해를 지내.
02 We eat *sikhye* on Chuseok.
우리는 추석에 식혜를 먹어.
03 I see the full moon.
나는 보름달을 봐.

STEP 3 정답

01 There are New Year's Day and Lunar New Year's Day in Korea.
02 My family celebrates Lunar New Year's Day.
03 We eat *tteokguk* on Lunar New Year's Day.
04 There are many foods, such as *tteokguk*, *japchae*, and meat.
05 I receive New Year's money, too.

STEP 4 내 글쓰기 예시 답안

A Happy Holiday
There is Chuseok in Korea.
My family celebrates Chuseok.
We eat *songpyeon* on Chuseok.
There are many foods, such as *songpyeon*, *jeon*, and *sikhye*.
I see the full moon, too.

행복한 휴일
한국에는 추석이 있어.
우리 가족은 추석을 지내.
나는 추석에 송편을 먹어.
송편, 전, 그리고 식혜 같은 많은 음식들이 있어.
나는 또한 보름달을 봐.

Unit 18 | **May 5th Is Children's Day.**

STEP 1 해석

01 5월 5일은 한국에서 어린이날이야.
02 어린이날에는 많은 행사들이 있어.
03 많은 아이들이 그들의 부모님과 놀이동산에 가.
04 사람들은 또한 패밀리 레스토랑에서 외식을 해.
05 매년, 한국 어린이들은 어린이날을 기대해.

Quiz amusement park, May, eat out, children

STEP 2 내 문장 쓰기 예시 답안

01 December 25th is Christmas.
12월 25일은 크리스마스야.
02 Many children go to ice rinks.
많은 어린이들이 스케이트장에 가.
03 He eats out at a buffet.
그는 뷔페에서 외식을 해.

STEP 3 정답

01 May 5th is Children's Day in Korea.
02 There are many events on Children's Day.
03 Many children go to amusement parks with their parents.
04 People also eat out at family restaurants.
05 Ever year, Korean children look forward to Children's Day.

STEP 4 내 글쓰기 예시 답안

Children's Day
May 5th is Children's Day in Korea.
There are many presents on Children's Day.
Many children go to gift shops with their parents.
People also eat out at buffets.
Every year, Korean children look forward to Children's Day.

어린이날
5월 5일은 한국에서 어린이날이야.
어린이날에 많은 선물들이 있어.
많은 아이들이 그들의 부모님과 선물 가게에 가.
사람들은 또한 뷔페에서 외식을 해.
매년, 한국 어린이들은 어린이날을 기대해.

Unit 19 | **Parents' Day Is May 8th.**

STEP 1 해석

01 한국에서 어버이날은 5월 8일이야.
02 어버이날에, 어린이들은 꽃과 작은 선물을 준비해.
03 그들은 또한 감사 카드를 만들어.
04 어린이들은 그들의 부모님을 위해 카드를 장식해.
05 부모님에게 행복한 날이야.

Quiz X, O

STEP 2 내 문장 쓰기 예시 답안

01 Children prepare surprise videos and letters.
어린이들은 깜짝 비디오와 편지를 준비해.
02 They make family albums.
그들은 가족 앨범을 만들어.
03 It is a touching day for parents.
부모님에게 감동적인 날이야.

STEP 3 정답

01 Parents' Day is May 8th in Korea.
02 On Parents' Day, children prepare flowers and small gifts.
03 They also make thank-you cards.
04 Children decorate the cards for their parents.
05 It is a happy day for parents.

STEP 4 내 글쓰기 예시 답안

Parents' Day
Parents' Day is May 8th in Korea.
On Parents' Day, children prepare surprise videos and letters.
They also make family albums.
Children decorate albums for their parents.
It is an amazing day for parents.

어버이날
한국에서 어버이날은 5월 8이야.
어버이날에, 아이들은 깜짝 비디오와 편지를 준비해.
그들은 또한 가족 앨범을 만들어.
아이들은 그들의 부모님을 위해 앨범을 꾸며.
부모님에게 놀라운 날이야.

Unit 20 | Christmas Is December 25th.

STEP 1 해석

01 크리스마스는 12월 25일이야.
02 이날에는, 전 세계가 산타를 기다려.
03 집 안에 크리스마스 트리가 있어.
04 집 밖에 크리스마스 축제가 있어.
05 사람들은 화이트 크리스마스를 바라.

Quiz December, Santa, Christmas tree

STEP 2 내 문장 쓰기 예시 답안

01 There is a Christmas present in the house.
집 안에 크리스마스 선물이 있어.
02 There is Santa Claus outside the house.
집 밖에 산타클로스가 있어.
03 You wish for a merry Christmas.
너는 즐거운 크리스마스를 바라.

STEP 3 정답

01 Christmas is December 25th.
02 On this day, the whole world waits for Santa.
03 There is a Christmas tree in the house.
04 There is a Christmas festival outside the house.
05 People wish for a white Christmas.

STEP 4 내 글쓰기 예시 답안

Merry Christmas
Christmas is December 25th.
On this day, the whole world waits for Santa.
There is a Christmas present in the house.
There is Santa Claus outside the house.
People wish for a merry Christmas.

즐거운 크리스마스
크리스마스는 12월 25일이야.
이날은, 전 세계가 산타를 기다려.
집 안에 크리스마스 선물이 있어.
집 밖에 산타클로스가 있어.
사람들은 즐거운 크리스마스를 바라.

단어 모으기

Unit 16

aunt	이모, 고모	time	시간
Jeju Island	제주도	relative	친척
go on a trip	여행을 가다	travel	여행하다
winter vacation	겨울 방학		

Unit 17

New Year's Day	새해 첫날, 양력설	*japchae*	잡채
Lunar New Year's Day	음력설	meat	고기
celebrate	축하하다	receive	받다
tteokguk	떡국	money	돈
such as	~처럼		

Unit 18

May	5월	parents	부모님
Children's Day	어린이날	Korean	한국의
event	행사, 이벤트	look forward to	~을 기대하다
amusement park	놀이동산		

Unit 19

Parents' Day	어버이날	gift	선물
prepare	준비하다	thank-you card	감사 카드
flower	꽃	decorate	꾸미다, 장식하다
small	작은		

Unit 20

December	12월	festival	축제
whole world	전 세계	outside	밖에
wait	기다리다	wish	바라다
Santa	산타	white Christmas	화이트 크리스마스
Christmas tree	크리스마스 트리		

Topic 5 | season

 Unit 21 | **I Like Spring the Most.**

STEP 1 해석

01 나는 봄을 가장 좋아해.
02 봄은 따뜻하고 부드러운 바람이 있어.
03 봄에는 꽃이 피고 나무들은 새잎이 자라.
04 우리는 새 학기를 시작해.
05 봄은 모든 것을 시작하기에 좋은 시간이야.

Quiz O, X

STEP 2 내 문장 쓰기 예시 답안

01 They like spring the most.
그들은 봄을 가장 좋아해.
02 Autumn has a cool wind.
가을은 시원한 바람이 있어.
03 The snow melts in spring.
봄에는 눈이 녹아.

STEP 3 정답

01 I like spring the most.
02 Spring has a warm and soft wind.
03 Flowers bloom in spring, and trees grow new leaves.
04 We start a new semester.
05 Spring is a good time to start everything.

STEP 4 내 글쓰기 예시 답안

I Like Spring
I like spring the most.
Spring has a weak and gentle wind.
Frogs wake up from their long winter sleep.
We start a new school year.
Spring is a good time to start everything.

나는 봄을 좋아해
나는 봄을 가장 좋아해.
봄은 약하고 온화한 바람이 있어.
개구리는 긴 겨울잠에서 깨어나.
우리는 새 학년을 시작해.
봄은 모든 것을 시작하기에 좋은 시간이야.

Unit 22 | **Summer Is the Hottest Season.**

STEP 1 해석

01 여름은 한 해의 가장 더운 계절이야.
02 더운 날씨 때문에 농사가 힘들어.
03 우리는 건강을 잘 관리해야 해.
04 여름에 우리는 물을 많이 마셔야 해.
05 선크림을 바르고 야외 활동에 주의해.

Quiz hot, sunscreen, drink a lot of water

STEP 2 내 문장 쓰기 예시 답안

01 Sleeping is difficult due to the hot weather.
더운 날씨 때문에 잠자기가 힘들어.
02 We should heat up our food in summer.
여름에 우리는 음식을 데워 먹어야 해.
03 Warm up and be careful about outdoor activities.
준비 운동을 하고 야외 활동에 주의해.

STEP 3 정답

01 Summer is the hottest season of the year.
02 Farming is difficult due to the hot weather.
03 We should take good care of our health.
04 We should drink a lot of water in summer.
05 Apply sunscreen and be careful about outdoor activities.

STEP 4 내 글쓰기 예시 답안

Summer Days
Summer is the hardest season of the year.
Sleeping is difficult due to the hot weather.
We should prepare for the rainy season.
We should carry an umbrella in summer.
Wear rain boots and be careful about the rainy season.

여름날
여름은 한 해의 가장 힘든 계절이야.
더운 날씨 때문에 잠자기가 힘들어.
우리는 장마를 준비해야 해.
우리는 여름에 우산을 가지고 다녀야 해.
레인 부츠를 신고 장마에 주의해.

Unit 23 | **Autumn Is a Colorful Season.**

STEP 1 해석

01 가을은 알록달록한 계절이야.
02 많은 사람들이 단풍을 보러 가.
03 많은 사람들이 예쁜 색깔의 과일들을 수확해.
04 가을에는 시원한 바람이 불기 시작하고 하늘은 푸르러.
05 소풍 가기 좋은 계절이야.

Quiz ■, ■, □

STEP 2 내 문장 쓰기 예시 답안

01 Autumn is a beautiful season.
가을은 아름다운 계절이야.
02 Many people go to Halloween parties.
많은 사람들이 핼러윈 파티에 가.
03 It is a good season to go camping.
캠핑 가기 좋은 계절이야.

STEP 3 정답

01 Autumn is a colorful season.
02 Many people go to see autumn leaves.
03 Many people harvest pretty colored fruits.
04 A cool breeze begins to blow in autumn, and the sky is blue.
05 It is a good season to go on a picnic.

STEP 4 내 글쓰기 예시 답안

Exciting Autumn
Autumn is an exciting season.
Many people go camping with their family.
Many people have Halloween parties.
Halloween is the most popular event in autumn, and children are excited.
It is a good season to spend time with family.

신나는 가을
가을은 신나는 계절이야.
많은 사람들이 가족들과 캠핑을 가.
많은 사람들이 핼러윈 파티를 해.
핼러윈은 가을에 가장 인기 있는 이벤트이고 아이들은 신나.
가족들과 시간 보내기 좋은 계절이야.

 Unit 24 | **Winter Is Cold.**

STEP 1 해석

01 겨울은 춥지만, 우리는 겨울 스포츠를 즐길 수 있어.
02 우리는 겨울 스포츠로 스케이트를 탈 수 있어.
03 스케이팅은 내 친구들에게 인기 있어.
04 그러나 우리는 감기에 걸리지 않도록 주의해야 해.
05 옷을 따뜻하게 입고 물을 자주 마셔.

Quiz sports, cold

STEP 2 내 문장 쓰기 예시 답안

01 Winter is cold, but we can see snow.
겨울은 춥지만, 우리는 눈을 볼 수 있어.
02 Skiing is popular with my friends.
스키는 친구들에게 인기 있어.
03 Wear your muffler tightly and put on the mask.
머플러를 단단히 두르고 마스크를 써.

STEP 3 정답

01 Winter is cold, but we can enjoy winter sports.
02 We can skate as a winter sport.
03 Skating is popular with my friends.
04 However, we have to be careful not to catch a cold.
05 Dress warmly and drink water often.

STEP 4 내 글쓰기 예시 답안

Winter Is Fun
Winter is cold, but we can see snow.
We can ski as a winter sport.
Skiing is popular with my friends.
However, we have to be careful not to fall.
Wear your gloves and put on your ski boots.

겨울은 재미있어
겨울은 춥지만, 우리는 눈을 볼 수 있어.
우리는 겨울 스포츠로 스키를 탈 수 있어.
스키 타기는 내 친구들에게 인기 있어.
그러나 우리는 넘어지지 않도록 주의해야 해.
장갑을 끼고 스키 부츠를 신어.

Unit 25 We Must Protect the Earth.

STEP 1 해석

01 뉴스는 요즘 자주 기후 변화에 대해 이야기해.
02 기후 변화는 생각했던 것보다 더 심각해.
03 우리는 쓰레기를 줄여야 해.
04 우리는 차를 타는 것을 줄여야 해.
05 함께 지구를 보호하자.

Quiz X, O

STEP 2 내 문장 쓰기 예시 답안

01 Water pollution is more serious than I thought.
수질오염은 생각보다 심각해.
02 We should follow the rules.
우리는 규칙을 지켜야 해.
03 Let's save water together.
함께 물을 아끼자.

STEP 3 정답

01 The news these days often talks about climate change.
02 Climate change is more serious than I thought.
03 We should reduce waste.
04 We should cut back on riding in cars.
05 Let's protect the Earth together.

STEP 4 내 글쓰기 예시 답안

We Have to Save the Earth
The news these days often talks about environmental pollution.
Pollution is more serious than I thought.
We should take the bus or the subway.
We should save energy.
Let's save the Earth together.

우리는 지구를 지켜야만 해
뉴스는 요즘 자주 환경 오염에 대해 이야기해.
오염은 생각했던 것보다 더 심각해.
우리는 버스나 지하철을 타야만 해.
우리는 에너지를 아껴야 해.
함께 지구를 지키자.

단어 모으기

Unit 21

spring	봄	grow	자라다
warm	따뜻한	new	새로운
soft	부드러운	semester	학기
wind	바람	start	시작하다
bloom	(꽃 등이) 피다		

Unit 22

hot	뜨거운, 더운	apply	바르다
farming	농사	sunscreen	선크림
difficult	어려운	outdoor	집 밖의, 야외의

Unit 23

autumn	가을	fruit	과일
colorful	형형색색의, 알록달록한	cool	시원한
autumn leaves	단풍	breeze	산들바람
harvest	추수하다, 수확하다	blow	불다
pretty	예쁜	sky	하늘

Unit 24

cold	추운, 감기	popular	인기 있는
enjoy	즐기다	however	그러나
winter sports	겨울 스포츠	catch a cold	감기에 걸리다
skate	스케이트를 타다	warmly	따뜻하게

Unit 25

news	뉴스, 소식	reduce	줄이다
climate change	기후 변화	waste	쓰레기
serious	심각한	protect	보호하다
thought	생각했다		

바빠 영어 시제 특강 5·6학년용

단순, 진행, 현재완료까지 초등 영문법 시제 총정리

바빠 영어 시제 특강
5·6학년용

Verb & Tense

특별 부록
불규칙 동사의
3단 변화 쓰기 노트

동사의 3단 변화까지 저절로 해결! 모든 문장 속 동사에는 시제가 있다

초등~중학 2학년 교과 반영! 내신부터 영어 알기까지 해결한다

이지스에듀

바빠 영어 시제 특강 - 5·6학년용 | 15,000원

★ ★ ★
중학 영어까지 뚫리는 영어 시제

단순, 진행, 현재완료까지
초등 영문법
시제 총정리

바빠
영어 시제특강 5·6학년용
불규칙 동사의
3단 변화 쓰기 노트

+

특별 부록 | 불규칙동사의
3단 변화 쓰기 노트

초·중등 필수
불규칙 동사를
암기할 수
있어요!

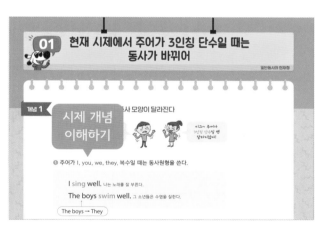

01 현재 시제에서 주어가 3인칭 단수일 때는 동사가 바뀌어

일반동사의 현재형

개념 1 시제 개념 이해하기

동사 모양이 달라진다

이크~ 주어가 3인칭 단수일 땐 달라지잖아!

❶ 주어가 I, you, we, they, 복수일 때는 동사원형을 쓴다.

I sing well. 나는 노래를 잘 부른다.
The boys swim well. 그 소년들은 수영을 잘한다.

The boys → They

01 3인칭 단수형 동사를 만드는 4가지 유형 알기

유형 1 가장 많아 기본형 대부분 -s를 붙인다.

come → comes   kick → kicks

유형 2 동사 끝 주의 ch, sh, x, o, s로 끝나는 동사는 -es를 붙인다.

catch → catches   wash → washes

유형 3 y 앞에 자음 확인 필수! 자음 + y로 끝나면 y를 i로 고친 뒤, -es를 붙인다.

fly → flies   cry → cries

유형 4 모음은 a, e, i, o, u 단, 모음 + y로 끝나면 -s만 붙인다.

buy → buys   play → plays

예외 ▶ have의 3인칭 단수형은 has이다.

빈칸을 채우며 시제 외우기

바꾸세요.

1 ❶ kick 차다 kicks   ❷ know 알다   ❸ stop 멈추다

02 현재 시제는 주어를 먼저 확인하고 동사 정하기

1단계 현재 시제에서는 주어가 3인칭 단수(he, she, it)일 때만 동사의 모양이 바뀐다.

I teach English.   She teaches English.

2단계 주어가 A dog이나 Mr. Park인 경우, 대명사로 바꿔서 생각하면 쉽다.

동사 비교로 시제 감각 깨우기

...ster → She   Students → They

주어...

❶ I buy buys ~ 사다   ❼ The boy kicks kick 차다
He

03 현재 시제 문장 완성하기

두 문장씩 비교하며 주어진 동사를 이용해 우리말에 알맞은 문장을 완성하세요.

우리말에 맞게 시제 완성하기

know   play   wash   teach   watch

❶ He _____ her. 그는 그녀를 안다.
We _____ him. 우리는 그를 안다.

❸ The baby _____ every night. 그 아기는 매일 밤 운다.
Babies _____ at night. 아기들은 밤에 운다.

시제 때문에 다시 처음부터 문법을 하기 애매했는데, 정말 딱입니다! - 학부모의 찬사

영어 교과서 5종 핵심 표현을 한 권으로 총정리

바빠 초등 영어 교과서 필수 표현

초등 영어는 '의사소통' 역량이 핵심!
교육부 권장 초등 3~6학년 필수 회화 표현 250개 학습

이지스에듀

🎧 원어민 MP3 | 바빠 초등 영어 교과서 필수 표현 | 15,000원

★ ★ ★ ★ ★ ★

교육부 권장 초등 필수 회화 표현

영어 교과서 5종 핵심 표현을 한 권으로 총정리

회화 카드로 재밌게 복습해 보세요!

| 질문 | 대답 |
| How old are you? | I'm seven years old. |

부록 회화 카드 100장

원어민 발음으로 대표 표현을 들어 보세요.

단어를 바꾸어 가며 표현력을 넓혀요!

문장을 완성하면서 내 것으로 익혀요!

녹음으로 완벽하게 마무리!

+ 함께 공부하면 좋은 책
초등 학년별 어휘 800개를 한 권으로 총정리하는 《바빠 초등 필수 영단어》

바빠 초등 필수 영단어

원어민 MP3 제공 | 바빠 초등 필수 영단어 | 15,000원

★ ★ ★ ★ ★
3~6학년 필수 영단어를 한 권에!

초등 학년별 어휘 800개 한 권으로 총정리!

영단어 노트로 복습까지 완벽하게!

특별부록 **영단어 쓰기 노트**

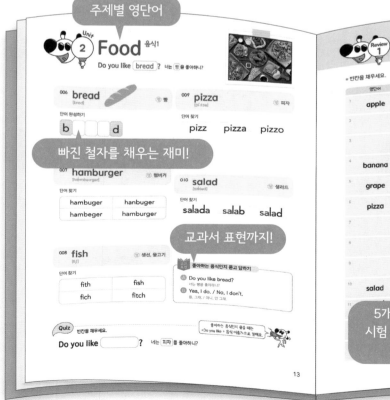

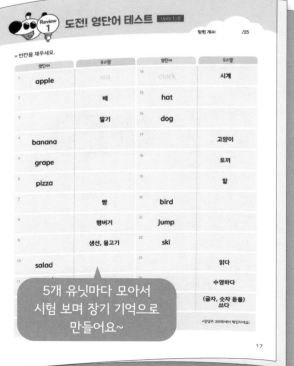

 교과서와 일상생활을 반영한 주제별로 모아 더 잘 외워져요!

※ 바빠 초등 영단어-3·4학년용도 있어요!